KB267560

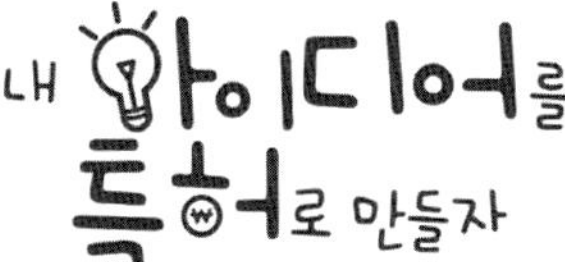

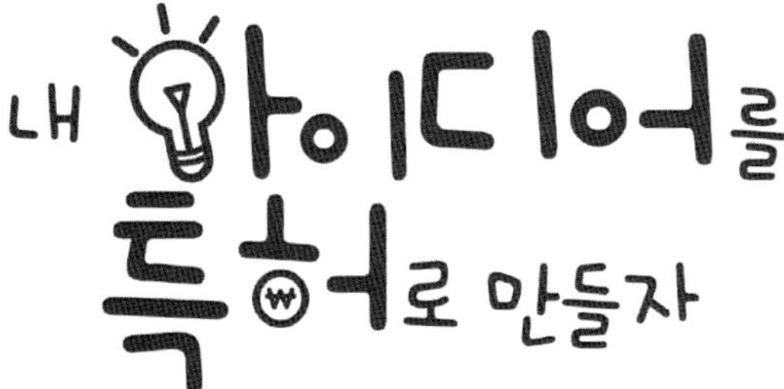

내 아이디어를 특허로 만들자

안우환 · 오석환 지음

이담 Books

머리말

1990년대 이후 지식재산이 국가발전의 중요한 자산이 되는 지식기반 경제체제로 급속히 전환됨에 따라 우리 사회 전반에 창의나 혁신 역량을 강화함으로써 국가경쟁력을 높이기 위한 움직임이 활발하다. 범정부적인 국가 어젠다(Agenda)로 지식재산 강국실현 전략이 채택되면서 18대 국회에서 지식재산기본법을 제정해야 한다는 전반적인 공감대가 형성되었다.

제조업 중심의 고용 없는 성장을 극복하고 지식재산 강국으로 도약하기 위해 국가발전 전략 측면에서 지식재산기본법이 2011년 4월에 제정되었다. 이 법은 일본의 지적재산기본법 및 국내 관련 법령을 참고하여 정부입법(초)안을 마련하여 2011년 4월 16일 입법예고, 4월 29일 국회본회의 통과(7월 20일 시행) 등의 과정을 거쳐 지식재산기본법이 탄생하게 되었다.

지식재산의 특성상 발명이나 창작하는 데 많은 자금과 시간, 노력이 투자되어야 하는 반면 이를 복제하거나 모방하는 데에는 적은 비용과 시간이 소요된다. 때문에 지식재산이 보호되지 않는다면 발명과 창작을 한 자의 경쟁력이 오히려 약화되는 불합리를 가져오게 된다. 과거 특허가 특정기업의 원천기술에 대한 독보적인 사용에 대한 독과점을 위한 기업의 연구성과물의 보호차원의 의미였다면, 현재는 자사의 기술 및 제품에 대한 보호뿐만 아니라 국제특허분쟁을 사전에 방지하고 크로스 라이선스, 실시권 허여 등 기업의 실정에 맞는 정형화된 목적으로 그 역할을 확장하고 있는 실정이다.

한·미·EU FTA 등 다양한 국제조약의 가입에 따라 향후 우리 상품 및 서비스 수출에 대한 지재권 침해문제가 대두될 것으로 예상되며 이와 보조를 같이하여 특허청에서도 다양한 특허심사하이웨이(PPH) 시행, 지재권교육 콘텐츠 IP 파노라마를 개발·보급하는 등 국가적인 차원에서도 다양한 노력을 경주하고 있는 실정이다.

근래 특허분쟁에서 최고의 화두는 국내 최대 IT 기업인 삼성전자와 애플과의 특허소송이라 하겠다. 소송과정을 지켜보면 과거에는 지식재산권이 기술적 사상에 집적된 특허에 집중된 것임에 비해 현재는 사용자 중심의 디자인(UI), 운영체제 등 디자인, 브랜드(상표)의 중요성이 더욱 부각되고 있음을 알 수 있으며, 지식재산권에 대한 의미나 영향 등이 21세기 사회에서 더욱더 중요함을 말해주고 있다.

본 저서는 이러한 시대적인 상황에서 지식재산과 창의발명이 한 나라의 흥망성쇠를 좌우하는 중요한 가치임을 부각시키고자 노력하였다. 제1부에서는 지식재산권과 발명의 개념을, 제2부에서는 내 아이디어를 특허로 만들기 위한 각종 절차나 방법 등을, 제3부에서는 발명을 잘하기 위한 하나의 교육적인 방법으로서 창의성에 대하여 기술하고 있다.

더불어 심사나 심판, 출원 등 특정 분야에 대한 심도 있는 접근 및 설명보다는 지식재산권 전반에 대한 특징과 정의를 통해 해당 분야 전공자가 아닌 사람도 누구나 쉽게 이해하고 학습할 수 있도록 구성하였다. 부디 본 저서가 독자들이 지식재산권 분야에 대해 궁금해하고 필요했던 부분을 빠르게 이해하고 학습할 수 있고, 더불어 창의성 발달을 위한 하나의 지침서로서 그 역할을 했으면 하는 바람을 가져본다.

저자대표 안우환

CONTENTS

≫ **PART 2.** 내 아이디어를 특허로 만들기: 특허출원은 이렇게 준비하자

PART 1
지식재산권과 발명

01 지식재산권이란?

　지식재산이란 인간의 창조적 활동 또는 경험 등에 의하여 창출되거나 발견된 지식·정보·기술, 사상이나 감정의 표현, 영업이나 물건의 표시, 생물의 품종이나 유전자원, 그 밖에 무형적인 것으로서 재산적 가치가 실현될 수 있는 것을 말한다(「지식재산기본법」§ 3I).

　지식재산권이란 법령 또는 조약 등에 따라 인정되거나 보호되는 지식재산에 관한 권리를 말하는 것으로서 산업재산권, 저작권, 신지식재산권을 포괄하는 무형적인 권리를 의미한다.

　지식재산권이라는 개념이나 보호제도가 탄생한 것은 벌써 200여 년 전의 일이며, 산업재산권 보호를 위한 파리조약이나 저작권 보호를 위한 베른협약이 탄생된 것도 100여 년 전의 일이나 오늘날과 같이 그 중요성이 강조된 적은 일찍이 없었다. 종래 지식재산권은 개인이 가지는 하나의 사적재산권이었을 뿐이다.

　그러나 최근에는 지식재산권의 부당한 보호를 이유로 국가가 국가를 상대로 협상을 요구하거나 혹은 WTO(World Trade Organization)에 제소하여 그 해결책을 모색하기도 한다. 이것은 지식재산권이 개인적 관심사에서 국가적 관심사로 떠올랐다는 것을 의미한다.

지식재산 중에서 특히 발명을 지식재산권으로 보호하는 것이 경제 발전에 도움이 되는 것인지에 대한 의문과 관심은 오랫동안 지속되어 왔다. 지식재산권 보호에 관한 초기의 논의는 노동가치설이나 자연법적 논리에 기초한 것으로 19세기에는 지식재산권 보호가 그 소유자에게 독점적이고 배타적인 권리를 부여함으로써 공유할 수 있는 길을 제한하는 결과를 초래해 오히려 과학과 기술의 발전은 물론 경제발전을 저해하는 부정적인 결과를 가져왔다는 주장이 강해 지식재산권을 부정하는 기류가 형성되었으며, 19세기 중엽에는 특허권 폐지론까지 대두되는 등 반특허 운동이 일어나기도 하였다.

실제 반특허 운동은 자유무역 운동에 힘입어 인위적인 독점을 반대하는 운동으로 19세기 중반 이후에 전개되었는데, 이 운동으로 네덜란드와 스위스는 50년간 특허제도를 폐지하거나 극히 초보적인 수준의 특허제도만을 유지하였다.

그러나 19세기 말 공리주의적 견해를 통해 지식재산권 보호를 합리화하는 주장과 이후 일어난 공황과 이에 수반된 보호무역주의 및 민족주의의 대두로 반특허 운동은 서서히 사라지게 되고 대부분의 국가가 특허 등 지식재산권 제도를 제도화하게 되었다.

지식재산의 특성상 발명이나 창작하는 데 많은 자금과 시간, 노력이 투자되어야 하는 반면 이를 복제하거나 모방에는 적은 비용과 시간이 소요된다. 때문에 지식재산이 보호되지 않는다면 발명과 창작을 한 자의 경쟁력이 오히려 약화되는 불합리를 가져오게 된다.

따라서 발명자나 창작자에게 지식재산에 대한 독점, 배타적인 권리를 부여함으로써 보다 많은 발명과 창작물이 공개되고 널리 이용될 수 있도록 하여 학문과 기술, 과학, 문예 등의 발달을 도모할 수 있으면서 경제적 이익을 증대시킨다는 측면에서 지식재산권을 보호할 필요성이 있다.

지식재산권은 일반적으로 산업재산권, 저작권, 신지식재산권을 모두 포함하는 개념으로서 인간의 지식활동으로 얻어진 정신적, 무형적 결과물에 대한 권리이지만 법적인 보호양태는 각 나라의 형편과 전통 또는 정책에 따라 다양한 형태로 존재하여왔다.

그러나 지식기반 경제시대의 도래와 더불어 그 어느 분야보다 국제적인 통일된 규범의 요구가 거세고, 실제로 상당한 수준의 절차적 동일성을 확보하고 있다.

지식재산권은 그 성질상 국제적인 분쟁이 일어나기 쉬우므로 산업재산권 보호를 위한 파리협약(Paris Convention(1883) for the Protection of Industrial Property)과 문학 및 예술적 저작물 보호를 위한 베른협약(Berne Convention(1886) for the Protection of Literary and Artistic Works) 등 여러 형태의 국제조약(협약, 협정)이 체결되어 있다.

1980년대부터 새로운 산업적 의제로 부상하여 강대국에 의한 보호 압력의 대상이 된 지식재산권은 1990년대에 들어와 국제적으로 보다 통일적이고 강하게 보호할 수 있는 틀을 찾게 되었다. 그 결과 기존의 산업재산권 보호를 다룬 파리협약 및 저작권 보호를 규정한 베른협약과는 별개로 WTO/TRIPS(Trade Related Intellectual Property Rights)와 세계지식재산권기구[1](WIPO: World Intellectual Property Organization)

---

1) 세계지식재산권기구(WIPO: World Intellectual Property Organization)는 국제지식재산권 보호의 대표적인 기구로서 전 세계적인 지식재산권 보호를 목적으로 하여 설립된 정부 간 국제기구이다. 세계지식재산권 기

저작권 조약이 성립되었다. 이러한 국제규범에 기초한 지식재산권 체제는 지식재산의 생산과 활용, 분배방식을 규정하는 법체계로서 지식기반 경제시대의 중요한 틀로서 작용한다.

　미국의 경제정보 제공회사인 다우존스와 밸류라인의 조사에 의하면 1990년 이후 기업에게 있어서 무형자산의 가치가 급격히 증대하여 2000년에는 유형자산(순자산 장부가액)의 5배를 초과할 정도였다. 주식시가 총액 등으로 나타나는 기업의 가치가 눈에 보이는 유형자산이 아니라 눈에 보이지 않는 무형자산에 의해 결정되는 시대가 도래하고 있다.

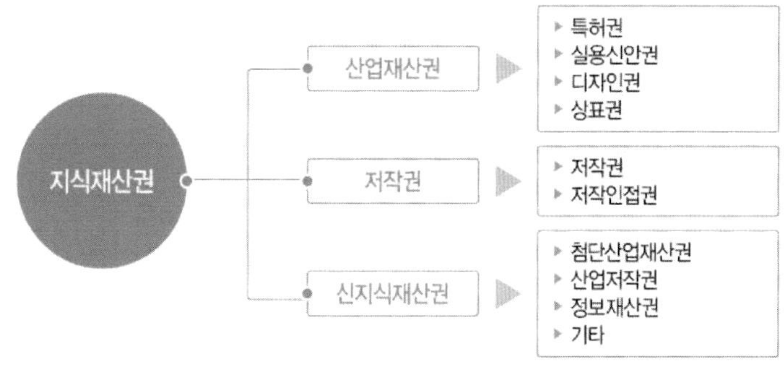

구는 파리협약과 베른협약 관리는 물론 재산권 제도의 국제간의 협력을 위해 1967년 7월 스톡홀름의 세계지식재산권 설치기구 설립 협약에 의하여 설치되었고, 1974년 12월 유엔전문기관으로 격상되어 지식재산권과 관련된 제 협약의 종합사무국의 역할을 수행하고 있다.

지식재산권
지적 창조물에 의한 권리
영업표식에 관한 권리
산업재산권
영업비밀
영업노하우나 고객리스트의 도용 등 부정행위 금지
민법, 형법, 부정경쟁방지법
식물 신품종
농산물, 임산물, 수산물을 위해 재배된 식물의 신품종
종묘법
회로 배치권
반도체 집적회로의 회로소자나 동선의 배치 패턴
반도체 집적회로 배치에 관한 법률
저작권
독창성 있는 음악, 회화, 소설 및 컴퓨터프로그램 등
저작권법
특허권
기술적으로 고도한 산업상 이용 가능한 발명
특허법
실용 신안권
물품의 형상·구조·조합에 관한 고안
실용신안법
디자인권
독창적이고 미적인 외관을 갖는 물품의 현상, 모양, 색채의 디자인
디자인법
상표권
상품, 업무에 사용하는 표시
상표법
상호권
상인이 영업상 자기를 표시하는 명칭
상법

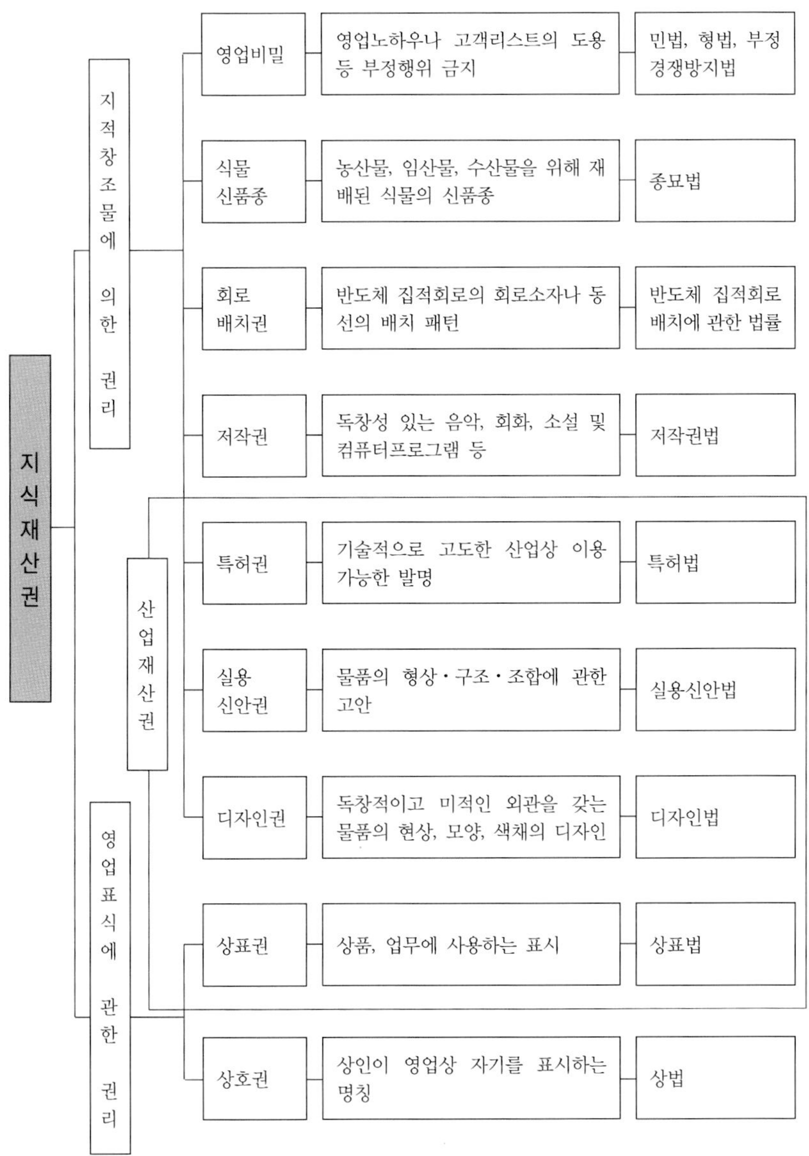

〈그림 1〉 지식재산권 개요

02

지식재산권은 왜 필요한가?

시장에서 독점적인 지위의 확보가 가능하다. 특허 등 지식재산권은 독점배타적인 무체재산권으로 신용창출이나 소비자의 신뢰도 향상 및 기술판매를 통한 로열티 수입이 가능해진다. 더불어 지식재산권은 분쟁의 예방 및 권리보호를 통해 자신의 발명이나 개발 기술을 적시에 출원, 권리화함으로써 타인과의 분쟁을 사전에 예방하고, 타인이 자신의 권리를 무단으로 사용 시 적극적으로 대응하여 법적인 보호가 가능하다.

지식재산권의 보호논리는 세 가지 측면에서 설명된다. 첫째는 자연권적 견해(natural rights view)로서 지식창조물의 소유권은 당연히 발명자에게 귀속되어야 한다는 것이다. 이는 유럽적 전통이며, 도덕적 관점을 강조하고 있다. 이는 발명의 유인을 제공하기 위해 규제가 필요하다는 것과 같은 경제적 측면에 대한 주장과는 관련이 없다.

둘째는 공공권적 견해(public rights view)로서 지식창조물에 대해 사적 소유권을 부여하는 것은 부당하다는 주장이다. 이는 사회주의 국

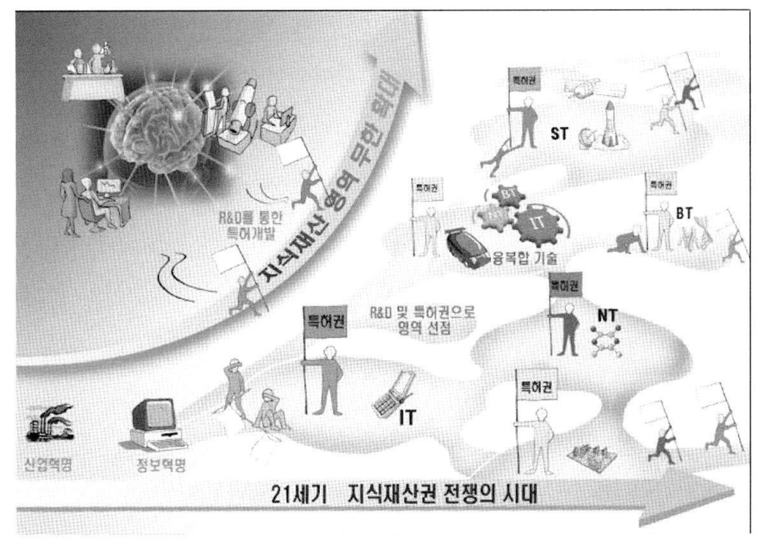

〈그림 2〉 지식재산권의 영역과 범위

가의 관점으로 지식창조물은 국가의 소유고, 이를 누구나 자유롭게 이용할 수 있어야 한다는 것이다. 오늘날도 일부 개도국은 이런 관점에서 지식재산을 자유롭게 이용할 수 있어야 한다고 주장한다.

세 번째는 공리주의 견해(utilitarian view)로서 지식재산권 제도는 한편으로는 발명과 창조를 촉진하고, 다른 한편으로는 지식의 이용과 확산을 촉진할 수 있어야 한다는 것이다. 이 견해는 위의 두 극단적 견해에 대한 중도적 견해로서 오늘날 가장 널리 받아들여지고 있는 견해이며, 지식재산권에 대한 경제적 분석은 이런 관점에서 출발하고 있다.

지식재산권을 통해 연구개발(R&D)에 대한 투자비의 회수나 향후 추가 기술개발의 원천이 된다. 그래서 지식재산권은 막대한 기술개발에 대한 투자비를 회수할 수 있는 확실한 수단이며 확보된 권리를 바탕으로 타인과 분쟁 없이 추가 응용기술의 개발을 가능하게 해준다. 특허권 등 지식재산권을 보유하고 있는 경우 정부의 특허기술 사업화 자금지원이나 우수발명품 시작품 제작지원을 비롯하여 각종 정부의 정책자금을 활용할 수도 있고, 더불어 세제지원 혜택도 받을 수 있다.

지식재산권 제도는 창작자의 창작물에 대한 인격적이고 경제적인 권리를 부여하고, 그 창작물을 이용하는 자의 권리와 의무를 정하고 있다. 더불어 의도적인 정부정책의 한 형태로서 창작활동과 그로 인한 결과물의 보급 및 이용을 증진시키고 공정한 무역을 장려함으로써 경제적, 사회적인 발전에 기여하고자 하는 취지도 포함되어 있다.

고전적인 특허보호 제도가 도입되었던 산업화 초기인 18세기와 19세기에는 독점적인 특허권 부여는 아담 스미스(Adam Smith)나 리카도(David Ricardo), 밀(John Stuart Mill)과 같은 경제학자들에 의하여 국가에 의한 발명진흥의 최선의 그리고 최대의 효율적인 형태인 것으로 간주되었다.

왜냐하면 그러한 형태는 국가에 어떠한 비용발생도 초래하지 않을 뿐 아니라, 특히 발명자에 대한 보상은 개인적인 자발성과 그 발명시장에서의 성공에 전적으로 의존하며, 이는 고전주의 경제이론과 실제로 완벽하게 부합된다는 사실 때문이었다.

WIPO(1997)에서 발간한 『지적재산권총론』[2)]에 따르면 효율적인 지식재산권제도, 특히 특허제도는 다음의 세 가지 면에서 기술혁신, 기술진보를 예견하고 있다.

첫째, 특허제도는 제한된 기간 발명의 실시에 대한 독점권의 취득을 가능하게 하여 발명 및 기술혁신 활동을 추진시키게 된다. 오늘날

---

2) WIPO(1997), 지적재산권총론. 특허청 번역본.

의 연구 및 개발은 실질적으로 인적·물적 자원을 필요로 하고 있다. 연구개발의 결실인 발명이 특허권의 부여로써 보호받지 않는다면 이들 발명은 연구개발에 투자하지 않은 사람들을 포함한 모든 사람들의 기술개발에 이용되게 된다.

이러한 환경에서 발명기업 또는 발명자는 그들 발명품의 가격이 단지 발명을 전유한 사람들의 제품의 가격에는 포함되지 않는 연구개발 비용을 반영하는 요소를 포함하고 있기 때문에 실질적으로 불리한 경쟁력을 가지게 된다. 제한된 기간 발명자에게 배타적인 발명의 실시권을 허용함으로써 특허제도는 발명자가 초기 연구개발 비용을 보상받을 수 있도록 함으로써 연구 및 개발에 대한 추진제로 작용하게 된다.

둘째, 특허권 소유자가 그의 발명품을 배타적으로 사용할 권리가 있는 제한된 기간에는 특허된 발명품의 효율적인 개발 및 이용을 조장하는 환경이 조성된다. 이는 초기에 재정적인 어려움이 없는 사람들과의 무차별적인 경쟁으로부터 발명자들을 보호하게 된다. 따라서 위험부담 자본이 발명에서 기술혁신으로 안전하게 이어질 수 있는 여건이 형성되는 것이다. 발명자는 발명품을 최종적으로는 상업적으로 완성하여 매매하는 것이 가능하고, 또 이윤을 얻을 수 있는 제품 또는 공정으로 더욱 용이하게 개발할 수 있게 된다.

셋째, 특허제도는 오늘날 세계에 존재하는 무수한 기술정보의 수집, 분류 및 보급의 기본골격을 제공한다. 다시 말하면 일정 기간 발명자가 그의 발명품에 대하여 배타적으로 사용할 수 있는 권리는 무한정 자유롭게 부여되는 것이 아니기 때문에 신기술의 보급에 기여하게 된다. 특허권을 부여받는 대신 발명자는 자기 발명의 상세한 내용을 사회에 공개하여야만 하는데, 특허에 포함된 정보는 특허권 부여의 기간 연구 및 실험목적으로 이용된다. 또 특허기간의 만료 후에는 특허정보는 대중의 소유로 되어 누구나 자유롭게 이를 상업용으로 이용할 수 있게 된다. 이렇게 함으로써 특허제도는 산업의 기초가 되는 기술발전에 기여하게 된다.

산업재산권의 국제적 보호를 위한 주요협약은 보호대상을 기준으로 산업재산권, 특허, 상표, 디자인권, 지리적 표시 등으로 다음과 같이 5개의 분야로 나눌 수 있다.[3]

첫째, 산업재산권의 국제적 보호를 위한 포괄적 내용의 조약 및 국제적 기구의 설립에 관한 것이다. 여기에는 1883년의 산업재산권보호를 위한 파리협약(Paris Convention for the Protection of Industrial Property on March 20, 1883), 1967년 세계지식재산권 기구설립조약(Convention establishing the World Intellectual Property Organization signed at Stockholm on July 14, 1967) 및 1994년 위조상품 교역을 포함한 무역 관련 지식재산권협정(WTO/TRIPs) 등이 포함된다.

둘째, 특허의 국제적 보호를 위한 다자간 조약이다. 여기에는 1970년 특허협력조약(PCT: Patent Cooperation Treaty), 1971년 국제특허 분류에 관한 스트라스부르 협정(IPC: International Patent Classification) 및 1997년 특허 절차상 미생물 기탁의 국제적 승인에 관한 부다페스트 조약(Budapest Treaty on the International Recognition of the Deposit of Microorganisms for the purposes of Patent Procedure on April 28, 1977) 등이 포함된다.

---

3) 이형표(2005), 지식재산권의 법적 보호와 그 한계에 관한 연구, 한남대 석사학위논문.

셋째, 상표의 국제적 보호를 위한 다자간 조약이다. 여기에는 1891년 표장의 국제등록에 관한 마드리드협정(The Madrid Agreement concerning the International Registration of Marks), 1957년 표장등록을 실행하기 위한 상품 및 서비스의 국제분류에 관한 니스협정(The Nice Agreement concerning the International Classification of Goods and Services for the purposes of the Registration of Marks), 1973년 도형상표의 국제분류 설립에 관한 비엔나협정(The Vienna Agreement establishing International Classification of the Figurative Elements of Marks) 및 1994년 상표법조약(Trademark Law Treaty) 등이 포함된다.

넷째, 디자인의 국제적 보호를 위한 다자간 조약이다. 여기에는 1925년 산업디자인의 국제기탁에 관한 헤이그협정(The Hague Agreement concerning the International Deposit of Industrial Designs), 1968년 산업디자인의 국제분류 설정에 관한 로카르노협정(The Locarno Agreement concerning the International Classification of Industrial Designs) 등이 포함된다.

다섯째, 지리적 표시의 국제적 보호를 위한 다자간 조약이다. 여기에는 1891년 상품 원산지의 허위 또는 오인하기 쉬운 표시를 방지하기 위한 마드리드협정(The Madrid Agreement for Repression of false or Deceptive Indications of source on Goods) 및 1958년 원산지 명칭의 보호 및 그의 국제등록에 관한 리스본협정(The Agreement of Lisbon for the Protection of Appellations of Origin and their International Registration on Oct. 31, 1958) 등이 포함된다.

- 1990년대 초까지 MS와 인텔과의 경쟁에서 PC사업에서 주도권 상실
- 회사의 총체적 위기에 직면(1992년 160억 달러 적자 초래)
- 자사 제품에 주로 적용할 목적으로 연구개발(R&D) 수행
- 당시 IBM은 지식재산권의 전략적 활용에 무관심하고 다른 기업에 특허기술을 제공한다는 전략 자체가 부재
- 1993년 루이스 거스너가 CEO로 취임 후, 특허중시 경영전략으로 전환
- 위기를 극복, 초일류 기업으로 화려하게 재기
- 핵심기술과 1등급 기술은 자신들이 사업화하고 주변기술과 2~3등급 기술은 타사에 이전하여 로열티 수입이 극대화됨(2006년 9억 달러 달성)
- IBM은 15년째 미국 특허등록 부동의 1위 고수(2007년 미국 특허 3,148건)

03 지식재산기본법의 이해

1990년대 이후 지식재산이 국가발전의 주요한 자산이 되는 지식기반 경제체제로 급속히 전환됨에 따라서 우리 경제에 창의나 혁신 역량을 강화함으로써 국가경쟁력을 제고하기 위해 6대 분야의 중점과제를 범정부 차원에서 추진하기로 하였다. 창의자본(Invention Capital)의 활성화, 기술지주회사 등 지식재산 사업화 촉진, 연구자 및 창작자에 대한 보상체계 혁신, 지식재산 보호강화, 지식재산 인프라 구축, 행정·사법 체계 선진화 등 6대 중점과제를 선정하였다. 특히, 행정·사법 체계의 선진화 분야에서 지식재산기본법을 제정하여 국가지식재산위원회를 설치하고, 지식재산기본계획 및 연도별 시행계획을 수립하여 추진하기로 하였다. 즉, 범정부적인 국가 어젠다(Agenda)로 지식재산강국 실현전략이 채택되면서 18대 국회에서 지식재산기본법을 제정해야 한다는 사회 전반적인 공감대가 형성되었다.[4]

국경 없는 무한경쟁의 글로벌 경제가 확산되고, 세계는 엄청 복잡

---

4) 윤원길(2011), 지식재산기본법의 의의 및 정책방향에 관한 소고, 지식재산연구, 6(2).

해지고 있다. 자본주의 시장경제 발달의 결과로 개인의 욕구가 시시각각 변하고 있어 시장은 날이 갈수록 세분화되고 있다. 스마트와 소셜로 촉발된 개인화 혁명이 빅 데이터혁명(Big Data)을 초래하고 있는 것이다. 시장이 복잡해지면서 이제 경제중심은 제조업에서 유통으로 완전히 이동하고 있으며, 제조기술의 경쟁력이 아니라 빅 데이터를 통한 유통역량의 경쟁력이 기업의 성패를 좌우하는 환경에 우리는 놓여 있다.

이러한 급변하는 소용돌이 속에서 제조업 중심의 고용 없는 성장을 극복하고 지식재산 강국으로 도약하기 위해 국가발전 전략 측면에서 「지식재산기본법」이 2011년 4월에 제정되었다. 이 법은 일본의 지적재산기본법 및 국내 관련 법령을 참고하여 정부입법(초)안을 마련하여 2011년 4월 16일 입법예고, 4월 29일 국회본회의 통과(7월 20일 시행) 등의 과정을 거쳐 「지식재산기본법」이 탄생하게 되었다.

「지식재산기본법」은 제5장 40개 조문 및 부칙으로 구성되어 있으며, 제1장 총칙, 제2장 지식재산 정책의 수립 및 추진 체계, 제3장 지식재산의 창출·보호 및 활용의 촉진, 제4장 지식재산의 창출·보호 및 활용촉진을 위한 기반 조성, 제5장 보칙에 관한 내용을 담고 있다. 본 법에 담긴 지식재산의 정의와 국가, 지자체의 역할이나 책무, 발명과 관련한 주요항목 등을 살펴보면 다음과 같다.

제3조(정의) 1항 '지식재산'의 개념을 인간의 창조적 활동이나 경험 등에 의하여 창출되거나 발견된 지식, 정보, 기술, 사상이나 감정의 표현, 영업이나 물건의 표시, 생물의 품종이나 유전자원(遺傳資源), 그 밖에 무형적인 것으로서 재산적 가치가 실현될 수 있는 것을 말한다고 규정하고 있으며,

2항에서 '신지식재산'이란 경제, 사회 또는 문화의 변화나 과학기술의 발전에 따라 새로운 분야에서 출현하는 지식재산을 말한다고 규정하고,

3항에서 '지식재산권'이란 법령, 조약 등에 따라 인정되거나 보호되는 지식재산에 관한 권리를 말한다고 규정하고 있다.

제4조(국가 등의 책무) 1항에서 국가가 법의 목적 및 기본이념에 따라 종합적인 시책을 마련하여 추진할 것을 의무화하고, 2항에서는 지방자치단체가 지역별 지식재산 시책을 마련하여 추진할 것을 규정하고, 3항에서 공공연구 기관과 사업자 등이 우수한 지식재산의 창출, 적극적인 활용, 효과적인 관리를 위해 노력하며, 소속 연구자와 창작자에 대한 정당한 보상이 이루어지도록 하여야 한다고 규정하고 있다.

제18조(신지식재산 창출 등 지원)에서는 1항에서 정부는 신지식재산의 창출, 보호, 활용을 촉진하고, 2항에서 신지식재산 현황을 조사·분석하고, 3항에서 신지식재산이 적절히 보호될 수 있도록 관련 법령을 정비하고, 이와 관련된 기술적 보호수단의 개발과 이용 활성화를 위한 지원 등 필요한 조치를 할 것을 규정하고 있다.

제19조(지식재산 창출자에 대한 보상)에서는 정부는 지식재산을 창출한 개인에 대하여 정당한 보상을 받을 수 있는 사회적 환경과 기반을 마련하고, 이에 필요한 시책을 수립할 것을 규정하고 있다.

제32조(경제적·사회적 약자에 대한 지원)에서는 1항에서 정부는 중소기업, 농어업인, 개인 등의 지식재산 창출, 보호 및 활용 역량을 강화하기 위하여 필요한 지원을 할 것을 규정하고, 2항에서 중소기업을 대상으로 지식재산 경영인증을 하고, 3항에서 장애인, 노인 등 지식재산에 접근하기 어려운 사람들이 지식재산을 쉽게 이용할 수 있도록 필요한 지원을 하도록 규정하고 있다.

제33조(지식재산 교육강화)에서는 1항에서 정부는 국민의 지식재산에 대한 인식을 높이고, 지식재산의 창출 및 활용 역량을 강화하기 위하여 지식재산에 관한 교육을 강화하고, 2항에서 초·중등 및 고등학교의 정규교육과정에 지식재산에 관한 내용이 반영되도록 하고, 3항에서 지식재산에 특성화된 학교를 육성하고, 지식재산 관련 학과나 강좌가 개설될 수 있도록 하며, 4항에서 평생교육기관의 교육과정에도 지식재산 관련 내용이 포함될 수 있도록 하여야 한다고 규정하고 있다.

지식기반 경제에 대응하기 위해서, 미국, 일본 등 선진국은 10여 년 전부터 법・제도 정비를 통해 지식재산전략 추진체계를 구축해왔다. 최근의 세계경제환경은 WTO 출범 이후에 지식재산의 통상 무기화가 더욱 강화되고 있으며, 또한 특허괴물의 소송이 급증하는 등 총성 없는 지식재산 전쟁이 진행 중에 있다.

이러한 엄중한 현실에서 대한민국은 지식재산 전쟁터를 지휘할 사령탑(Control Tower) 없이 개별기업이 수세적으로 대응하고 있는 실정이었다. 이러한 상황에 효과적으로 대처하고, 대한민국의 경제・사회의 패러다임을 '창의경제'로 바꾸는 국가발전 전략을 마련하고, 국가 지식재산 정책을 종합적으로 일관성 있게 추진할 수 있는 컨트롤 타워 기능을 수행할 '국가지식재산위원회' 출범이 지식재산기본법의 핵심정책이라 할 수 있다(윤원길, 2011).

04

산업재산권이란?

특허권, 실용신안권, 디자인권, 상표권 이 네 가지를 합해서 산업재산권이라 한다. 우리의 생활과 산업활동에 관련된 사람들의 새로운 연구결과나 그 방법에 대해 인정하는 권리이며, 보이지 않는 무형의 재산이다.

〈표 1〉 산업재산권의 구분

구분	특허	실용신안	디자인	상표
정의	자연법칙을 이용한 기술적 사상의 창작으로서 발명 수준이 고도화된 것(대발명)	자연법칙을 이용한 기술적 사상의 창작으로서 물품의 형상·구조·조합에 관한 실용 있는 고안(소발명)	물품의 형상·모양·색채 또는 이들을 결합한 것으로서 시각을 통하여 미감을 느끼게 하는 것	타인의 상품과 식별하기 위하여 사용되는 기호·문자·도형·입체적 형상·색채·홀로그램·동작 또는 이들을 결합한 것
보기 (전화기)	벨이 전자를 응용하여 처음으로 전화기를 생각해 낸 것	분리된 송수화기를 하나로 하여 편리하게 한 것	탁상전화기를 반구형이나 네모꼴로 한 것	전화기 제조회사가 제품이나 포장 등에 표시하는 상호·마크
존속 기간	설정 등록일로부터 출원일 후 20년까지	설정 등록일로부터 출원일 후 10년까지(구법 적용 분은 15년)	설정 등록일로부터 15년까지	설정 등록일로부터 10년(10년마다 갱신 가능, 반영구적 권리)

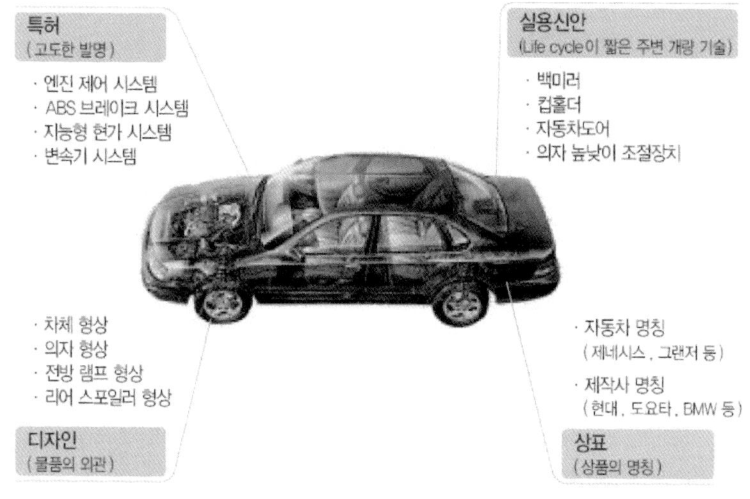

〈그림 3〉 산업재산권의 이해

산업재산권은 새로운 발명 등에 대하여 그 발명자 및 그 권리를 대신 받은 사람들에게 일정 기간 권리를 부여하는 대신에 이러한 내용을 일반인들이 볼 수 있도록 해야 하며, 일정한 기간이 지나면 누구나 이용 및 실시하도록 함으로써 기술의 발전과 함께 산업의 발달을 도와주는 제도이다.

가. 산업재산권의 필요성

특허 등의 산업재산권을 가지고 있으면 자신의 재산으로 기술판매를 통해 수입을 창출할 수 있고, 제품을 구입하는 사람들이 신뢰할 수 있다. 특허로 인한 싸움을 사전에 예방할 수 있으며, 자신의 발명 및 권리를 다른 사람이 허락 없이 사용할 경우 적극적으로 대처할 수 있게 된다.

기술개발 투자비를 얻을 수 있는 수단이며, 확보된 권리를 바탕으로 다른 기술개발이 가능하며, 정부로부터 도움을 받거나 세금의 지원혜택을 받을 수 있다.

나. 산업재산권의 종류

특허권은 기존에 없었던 물건 또는 방법을 최초로 발명한 것으로 자연법칙을 이용한 기술적인 창작이다. 특허권의 유지는 출원일로부터 20년간 존속한다. 실용신안권은 이미 발명된 것을 개량해서 보다 편리하고 유용하게 쓸 수 있도록 물품에 대한 고안 그 자체를 의미한다. 물건의 고안에 관한 것으로 실용신안권의 유지는 출원일로부터 10년간이다.

:: 시계를 통한 산업재산권의 이해 ::

시계의 태엽이나 전지를 이용하여 처음으로 시계를 생각하게 된 발명품은 특허권을 가질 수 있으며, 이러한 시계에 날짜를 볼 수 있도록 한 구조나 모양을 실용신안이라 할 수 있다. 또한 시계의 동그란 모양, 네모 등과 같이 물건의 외양에 대한 형태, 모양, 색채에 관한 디자인은 디자인권으로 보호받을 수 있으며, 마지막으로 전화기 제조회사의 제품이나 포장에 표시하는 상호나 마크는 상표권으로 볼 수 있다.

디자인권은 물건의 형상, 모양, 색채 또는 이것들을 결합한 것으로서 시각을 통하여 아름다움을 느낄 수 있게 하는 것에 대한 권리로 디자인권의 유지는 출원일로부터 15년간이다. 상표권은 다른 사람의 상품과 식별하기 위하여 사용되는 기호, 문자, 도형, 입체적인 모양 또는 이들을 결합한 것에 대한 권리로 상표권의 유지는 출원일로부터 10년간 존속한다.

05

상표와 디자인

가. 상표의 이해

상품을 생산·가공·증명 또는 판매하는 것을 업으로 영위하는 자가 자기의 업무에 관련된 상품을 타인의 상품과 식별되도록 하기 위하여 사용하는 것으로 첫째, 기호·문자·도형·입체적 형상·색채·홀로그램·동작 또는 이들을 결합한 것, 둘째, 그 밖에 시각적으로 인식할 수 있는 것을 의미한다.

<표 2> 상표의 구분

구분	상표	서비스표	업무표장	단체표장
정의	타인의 상품과 식별하기 위해 사용하는 표장(과자, 옷, 학용품, 자동차 등에 사용)	타인의 서비스업과 식별하기 위해 사용하는 표장(광고업, 금융업, 요식업 등에 사용)	국내에서 비영리 업무를 영위하는 자가 업무를 나타내기 위해 사용하는 표장	동종업자의 법인이 단체구성원의 영업에 관한 상품 또는 서비스업에 사용하는 표장

서비스표는 서비스업을 영위하는 자가 자기의 서비스업을 타인의 서비스업과 식별되도록 하기 위하여 사용하는 표장이고, 단체표장은 상품을 생산·제조·가공·증명 또는 판매하는 것 등을 업으로 영위하는 자나 서비스업을 영위하는 자가 공동으로 설립한 법인이 직접 사용하거나 그 감독하에 있는 소속단체원으로 하여금 자기 영업에 관한 상품 또는 서비스업에 사용하게 하기 위한 표장을 의미한다.

지리적 표시 단체표장은 지리적 표시를 사용할 수 있는 상품을 생산·제조 또는 가공하는 것을 업으로 영위하는 자만으로 구성된 법인이 직접 사용하거나 그 감독하에 있는 소속단체원으로 하여금 자기 영업에 관한 상품에 사용하게 하기 위한 단체표장이며, 업무표장은 영리를 목적으로 하지 아니하는 업무를 영위하는 자가 그 업무를 표상하기 위하여 사용하는 표장이다.

상표는 문자나 도형 등을 간략히 기호화한 것으로 기호상표와 한글·한자·로마자·외국어·숫자 등 문자로 구성된 문자상표와 동식물, 천체, 기념물 등 사실적 도형을 도안화한 것 또는 기하학적 도형으로 구성된 도형상표와 입체적 형상으로 구성된 입체상표가 있다. 또한 일부 국가에서는 소리상표와 냄새상표,5) 동작상표 등도 상표의 보호대상에 포함시키고 있어 보호대상 범위를 점차 확대해가고 있다.

상표의 기능으로는 크게 본원적 기능, 파생적 기능으로 구분할 수 있다. 본원적 기능으로 자타상품 식별기능, 출처표시기능, 품질보증

---

5) 한미 자유무역협정(FTA) 발효로(2012년 3월 15일) 소리와 냄새 등 비전형 상표등록이 가능해지면서 '소리상표' 출원이 급증하고 있다. 이르면 내년 하반기 국내에서 첫 소리상표가 등록될 전망이다. 출원된 소리상표는 12년 5월 현재 60건에 이른다. 반면 냄새상표는 1건도 출원되지 않았다. LG가 47건, SK 4건, 대상 1건, 일본 기업 1건, 개인 2명이 7건을 출원했다. 유럽에 소리상표를 등록했고 미국에 출원 중인 삼성은 출원하지 않았다. 기업들이 출원한 소리상표는 '띠리리리 OO', '띵띵 띠리띵' 등과 같이 광고를 통해 널리 알려진 효과음이다.

기능이 있고, 파생적 기능으로는 광고선전기능, 재산적 기능, 보호적
기능, 경쟁적 기능이 있다.

<표 3> 상표(브랜드)의 중요성

〈단위: 억 달러〉

순위	브랜드 명	브랜드	브랜드가치	순위	브랜드 명	브랜드	브랜드가치
1(1)	코카콜라 (미국)	Coca-Cola	667	7(7)	인텔(미국)	intel	313
2(3)	IBM(미국)	IBM	590	8(8)	맥도널드 (미국)	McDONALD'S	310
3(2)	마이크로 소프트(미국)	Microsoft	590	9(9)	디즈니(미국)	Disney	293
4(4)	GE(미국)	GE imagination at work	531	10(20)	구글(미국)	Google	256
5(5)	노키아 (핀란드)	NOKIA Connecting People	359	21(21)	삼성전자	SAMSUNG 삼성전자	177
6(8)	도요타(일본)	TOYOTA	341	72(72)	현대자동차	HYUNDAI	48

* 자료: Interbrand, Best Global Brands 2008(괄호 안은 2007년 순위)

　상표사용의 유형으로는 첫째, 표시행위 상표를 표시하는 행위를
말하며 상품 자체 또는 실제로 포장되어 수용되어 있는 포장이나 용
기 등에 상표를 표시하는 경우에는 이와 같이 표시하는 것만으로도
상표를 사용한 것으로 인정된다. 따라서 상품 또는 상품의 포장에 상
표를 표시한 후, 단순히 보관하고 있더라도 상표의 사용행위는 있었
던 것이 되며, 타인이 권원 없는 등록상표에 대하여 이러한 표시행위
를 할 경우에는 그 행위 자체가 상표권 침해에 해당한다.

　둘째, 유통행위 상표를 표시한 상품의 양도·인도 또는 양도나 인
도 목적의 전시·수출 또는 수입하는 행위를 말한 것으로, 상품 자체
또는 상품의 포장에 상표를 표시한 것의 유통과정에서 일어나는 각
종 행위는 '상표의 사용'으로 인정한다. 상품의 '양도'란 상품에 대한
소유권을 이전하는 행위로서 유·무상에 관계없으며, '인도'란 물건
에 대한 현실적인 지배권을 이전하는 것을 말하며, '전시'란 다중이

열람할 수 있는 상태에 놓이는 것을 말한다.

전시·수출·수입행위는 그 전 단계로서 상품 또는 상품의 포장에 상표를 표시한 상품을 양도 또는 인도할 목적이 있어야 하며, 이러한 주관적인 의사가 없는 전시·수출·수입행위는 이에 해당하지 아니한다.

셋째, 광고행위 상품에 관한 광고·정가표·거래서류·간판 또는 표찰에 상표를 표시하여 이를 전시 또는 반포하는 행위를 말하는 것으로, '전시'란 이러한 간판·표찰 등을 늘어놓고 일반인들에게 보이는 것을 말하며, '반포'란 불특정 다수인이 볼 수 있는 상태에 두는 것을 말하므로 전시 또는 반포는 누군가가 이것들을 보았다는 사실을 필요로 하지 않으며 상품에 관한 광고·정가표·거래서류 등에 상표를 표시한 것만으로는 정당한 상표의 사용이라 할 수 없고, 이를 전시 또는 반포하여야만 정당한 상표의 사용에 해당된다.

사람의 초상·성명 등 그 사람의 동일성을 광고 또는 상품 등 상업적으로 사용하여 재산적 이익을 얻을 수 있고 또한 타인의 이용을 통제할 수 있는 권리인 퍼블리시티권(Right of publicity)이 있다. 이는 본인의 노력과 활동에 의해 축적된 성명, 초상의 고객 흡인력으로 인한 경제적 가치가 존재함에 따라 이를 이용한 경제적 활동의 보호 필요로 생겨난 제도이다.

〈표 4〉 프라이버시권과 퍼블리시티권의 차이

구분	권리 내용	침해 유형	보호
프라이버시권	초상, 성명을 부당하게 촬영·공표당하지 않을 권리	인격적, 정신적 고통을 유발	침해금지, 위자료 청구, 명예회복 청구
퍼블리시티권	상업적으로 이용하는 독점적 권리	경제적 손실을 주는 행위	침해금지, 손해배상, 청구 부당이득 반환

나. 상표의 등록요건

상표는 크게 식별력이 없는 상표, 출처혼동방지, 공익보호규정 및 사익보호규정을 이유로 등록을 거절할 수 있는 부등록 사유를 제한 적으로 열거하고 있다.

(1) 식별력이 없는 상표

식별력이 없는 상표는 보통명칭상표, 관용상표, 성질표시 표장상 표, 현저한 지리적 명칭, 흔한 성 또는 명칭 및 간단하고 흔한 표장 등이 있으며 보통명칭상표는 당해 상품을 취급하는 거래계에서 당해 업자 또는 일반 수요자 사이에서 그 상품을 지칭하는 것으로 실제로 인식되고 사용되고 있는 일반적인 명칭을 말하며 관용표장은 특정 종류의 상품에 관하여 동업자들에 의하여 관용적으로 사용되는 상표 로서, 동종업자에게 인식되어 사용되면 족하고, 문자 이외에 기호나 도형으로도 구성될 수 있다.

〈표 5〉 식별력이 없는 상표와 관련 법 조항[6]

관련 조항	상표	판결요지(판례번호)
보통명칭 상표	호두과자	호두 또는 호두과자라는 칭호나 호두를 그린 도형은 과자류를 지정상품으로 하고 있는 한 이미 그 전부터 동종업계에서는 널리 사용하였던 보통명칭이다(대법원 1969.3.4, 68후31)
관용상표	NET	국문자의 네트가 국어사전에는 통신과 관련된 의미가 없다 할지라도 일반 수요자라든가 소비자들에게 있어서는 지정 서비스업이 통신 관련업인 경우에는 영문자 'NET', 'NETWORK'의 준말로 인식되는 경향이 있다(특허법원 1998.11.20, 98허7233)
성질표시 표장상표	PC DIRECT	출원 서비스표 'PC DIRECT'는 그 지정 서비스업인 '컴퓨터 하드웨어 수리업' 등과의 관계에서 성질표장이다

현저한 지리적 명칭	종로학원	'종로'는 '서울특별시 종로구'의 명칭 또는 '종로3가' 등 종로구 소속 행정구역의 일종으로서 거리의 이름을 나타내는 현저한 지리적 명칭임이 명백하다(대법원 98후-379 판결)
흔한 성 또는 명칭	윤씨농방	등록상표 '윤씨농방'에서 등록상표의 구성 중 '윤씨'는 우리나라에서 흔히 있는 성이고 '농방'은 등록상표의 지정상품 중 하나인 '장'을 의미하는 '농'을 파는 가게를 뜻하는 것으로서 결합에 의하여 새로운 식별력이 생기는 것이 아니다(특허법원 2000허2392 판결)
간단하고 흔한 표장		외관에 있어서는 두터운 붓으로 굵게 그린 듯한 불연속적인 둥근 테두리 모양으로 다소 도형화되기는 하였으나 우리나라의 특유한 문자문화에 비추어 볼 때 일반 수요자나 거래자들의 입장에서는 단순히 붓글씨로 쓴 한글 자음의 '이응'으로 인식된다(특허법원 99허383 판결)

성질표시 표장상표는 산지, 품질, 원재료, 효능, 용도, 수량, 형상, 가격, 생산방법, 가공방법, 사용방법 또는 시기를 보통으로 사용하는 방법으로 표시한 표장만으로 된 상표를 말하며, 현저한 지리적 명칭은 상표에 표시된 지명이 국내의 일반 수요자나 거래자들에게 널리 알려진 저명한 지명으로서 일반 수요자들에게 즉각적인 지리적 감각을 전달할 수 있는 표장을 말한다. 흔한 성 또는 명칭은 흔히 있는 성 또는 명칭을 보통으로 사용하는 방법으로 표시한 표장만으로 된 상표를 말하고, 간단하고 흔한 표장은 간단할 뿐만 아니라 흔하기도 한 표장만으로 된 상표를 말한다.

(2) 공익보호규정

상표는 공익보호라는 취지 아래 국기, 국장 등과 동일 또는 유사한 상표, 국가 또는 저명한 고인 등과의 관계를 허위로 표시하거나 모욕하는 상표, 공공단체의 표장과 동일 또는 유사한 상표, 공서양속에 반

---

6) 특허청(2009), 지식재산의 이해.

하는 상표, 박람회의 상패, 상장과 동일 유사한 상표, 상품 또는 그 포
장의 기능을 나타내는 입체적 형상만으로 구성된 상표 및 WTO 회원
국의 포도주 등의 산지에 관한 지리적 표시로서 구성된 상표는 식별
력이 있는 경우라도 등록될 수 없는 것으로 규정하고 있다.

(3) 사익보호규정

상표법은 저명한 타인의 성명·명칭 또는 상호·초상·서명·인
장·아호·예명·필명 또는 이들의 약칭을 포함하는 상표는 식별력
이 있는 경우라도 등록될 수 없는 것으로 규정하고 있다. 이는 저명
한 타인의 인격권을 보호하기 위한 규정이다.

여기서 타인이란 현존하는 자연인, 법인은 물론 법인격 없는 단체
를 포함하며, 저명성은 사회통념상 또는 지정상품과 관련한 거래사회
에서 널리 인식될 수 있는 정도를 말한다. 다만, 상기요건에 해당하는
상표라도 그 타인의 승낙을 얻은 경우에는 등록이 가능하다.

(4) 타인의 상품표지와 혼동을 방지하기 위한 규정

상표법은 타인의 선등록 상표와 동일 유사한 상표, 상표권 소멸 후
1년이 경과하지 않은 타인의 상표와 동일 유사한 상표, 주지상표와
동일 또는 유사한 상표, 저명상품 또는 저명영업과 혼동을 일으킬 염
려가 있는 상표, 상품의 품질오인 또는 기만을 일으킬 염려가 있는
상표 및 부정목적의 출원상표인 경우 식별력이 있는 경우라도 등록
될 수 없는 것으로 규정하고 있다.

:: 상표 출원 및 등록번호 안내 ::

출원번호 예시: 10-2009-0000150
         ▼   ▼   ▼
       권리   연도   일련번호

등록번호 예시: 10-0256534-00-00
         ▼   ▼   ▼   ▼
       권리 일련번호 구분 구분

:: 권리구분 CODE ::

10 특허	40 상표
20 실용신안	41 서비스표
30 디자인	42 업무표장
	43 단체표장
	44 지리적 표시 단체표장
	45 상표 서비스표

다. 디자인의 이해

인간의 지적 창조물의 일종인 물품의 외관에 관한 미적인 창작도 지식재산권의 범주에 포함되며 디자인보호법에 의하여 보호된다. 물품 형태의 창조행위는 그 물품의 본질에 관한 창조행위이며, 창조행위의 소산인 물품의 형태는 그 자체가 여러 가치를 지닌 존재로서 무형의 재화이고 무체의 재산이라 할 수 있다.

디자인보호법은 이와 같은 가치창조 행위의 주체인 창작자에게 그 창작에 근거한 등록에 의하여 그 디자인을 독점 배타적으로 실시할 권리를 부여하며, 이 권리를 디자인권이라 한다. 디자인에 관한 보호제도의 기원은 1711년 10월 25일 프랑스 리옹(Lyon) 시의 집정관이 견직물 업계의 도안을 부정 사용하지 못하도록 발한 명령으로 보고 있다.

<표 6> 디자인의 가치와 기업의 디자인전략 성공사례

제품	주요내용
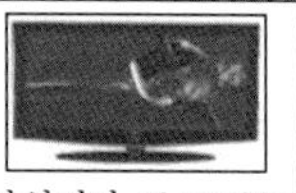 삼성전자 보르도TV	• 잔에 남아 있는 붉은 와인과 조명을 받고 있는 와인 잔에서 영감 • TV사업 시작 후 34년 만에 처음으로 LCD TV 판매 세계 1위 등극 (2006) ※ 삼성 이건희 회장은 '창조경영의 대표적 제품'이라고 극찬
 LG전자 초콜릿폰	• 블랙컬러의 미니멀한 외관과 레드컬러의 터치패드가 조화된 감각적인 디자인 채택(기술+감성전략) • 후속 모델인 샤인폰, 프라다폰 출시 및 성공으로 세계시장에서 LG 휴대폰이 프리미엄 브랜드 입지를 공고히 하는 데 결정적 기여 ※ LG 최초의 텐밀리언 셀러폰 모델, 제품 평균판매단가(ASP) 세계 2위
 기아자동차 뉴 오피러스	• 2003년 오피러스 출시 당시 대형차 시장에서 매출 최하위 • 소비자 요구를 반영한 새로운 디자인을 적용하여 출시(2006.6)된 뉴 오피러스의 경우 2007.5까지 12개월 연속 대형차 부문 판매 1위 ※ 판매대수가 전년대비 300% 증가

디자인에 대한 보호제도는 크게 2가지로 그 유형을 나눌 수 있다. 첫째, 일정한 방식적 또는 실체적 요건을 갖추고 기탁 또는 등록의 절차를 거친 경우에만 단기간 배타적으로 보호하는 특허권적 보호제도이고, 둘째, 창작의 완성에 의하여 일정한 방식이나 요건을 필요로 하지 않고 또는 등록이나 기탁이라는 절차를 거치지 않고 장기간 배타권이 발생하는 저작권으로 보호하는 제도로 나눌 수 있다.

특허권적인 보호제도는 2가지 형태로 나누어지는데 하나는 창작된 공업 디자인 또는 응용미술은 일정한 방식을 갖추어 출원을 하여야 하고 심사관청에서는 실체적 등록요건을 심사하여 등록을 허여하는 심사주의(심사등록주의) 보호제도이고, 다른 하나는 일정한 방식을 갖추어 관청에 기탁 또는 등록을 하면 실체적 요건에 대해서는 심사를 하지 않고 형식적 요건이나 부등록사유 등만 심사하여 권리가 발생하는 무심사주의(무심사등록주의) 보호제도로 구분된다. 우리나라

에서 디자인권은 설정등록에 의하여 발생한다고 규정하고 있어 등록
주의를 취하고 있다.

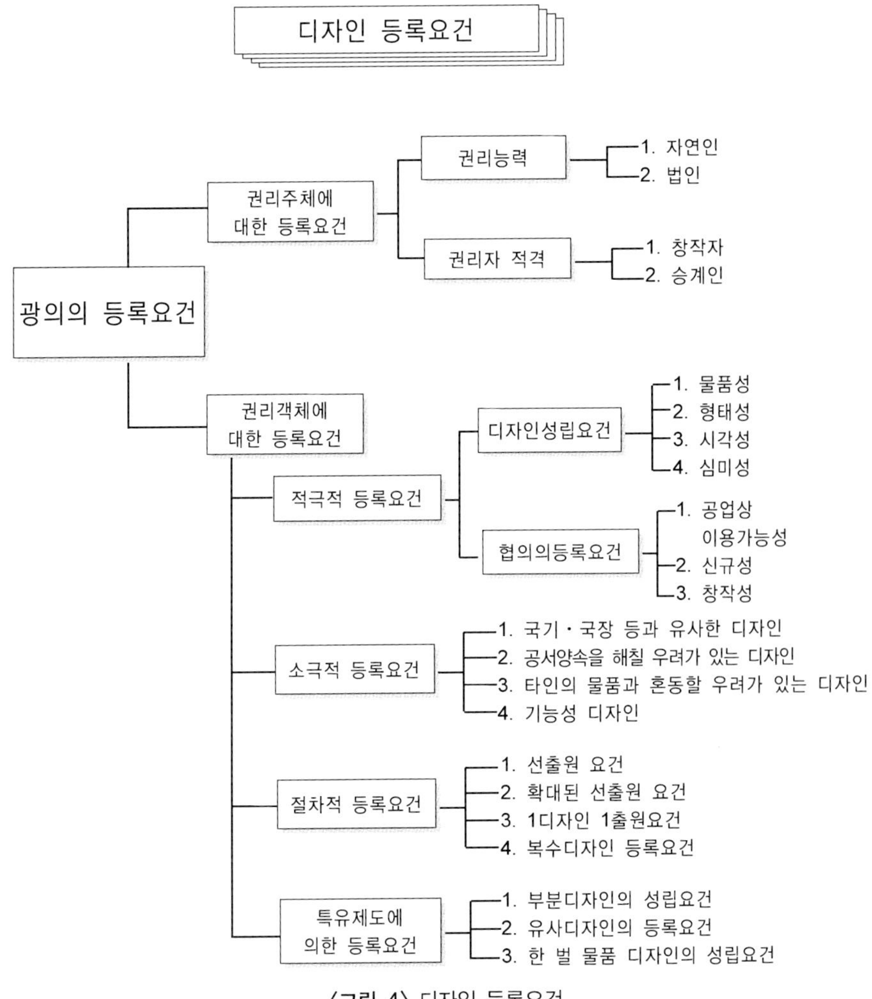

〈그림 4〉 디자인 등록요건

　디자인권 발생의 전제조건으로 그 디자인이 등록될 수 있는 실체적 요건의 충족 여부를 심사하느냐 심사하지 않느냐에 따라 심사주의와 무심사주의로 나누어진다. 심사주의는 디자인권을 부여하기 이전에 그 권리의 유효성을 심사하기 위하여 디자인등록에 필요한 형식적·실체적 요건 모두를 심사하는 제도를 말하며, 우리나라에서는 심사주의를 기본원칙으로 하고 일부 물품에 한해서는 무심사주의를 취하고 있는 심사·무심사 혼합주의를 취하고 있다.

　디자인의 성립요건은 디자인의 대상이 되는 물품이 지배와 이동이 가능한 물품이어야 하고(이를 '물품성'이라 한다), 물품(또는 물품의 부분)의 형상·모양·색채 또는 이들의 결합이어야 하며(이를 '형태성'이라 한다), 인간의 시각을 통하여 볼 수 있는 것이어야 하고(이를 '시각성'이라 한다), 미감을 일으키게 하는 것(이를 '미감성' 또는 '심미성'이라 한다)이어야 된다.

06

저작권이란?

저작권법의 목적을 현행 저작권법을 통해 살펴보면 그 존재 의의를 "저작자의 권리와 이에 인접하는 권리를 보호하고 저작물의 공정한 이용을 도모함으로써 문화 및 관련 산업의 향상발전에 이바지함"에서 찾고 있다(「저작권법」 제1조). 다시 말해 저작권법은 저작자 및 저작인접권자의 권리를 보호하면서도, 다른 한편으로는 저작물의 공정한 이용을 도모하여 최종적으로는 문화 및 관련 산업을 발전시키는 것을 목표로 삼고 있다.

〈표 7〉 저작권의 이해

구분	저작권	저작 인접권
정의	사람의 생각이나 감정을 표현한 결과물에 대하여 그 표현한 사람에게 주는 권리로 저작 인격권과 저작 재산권으로 구분됨	글자 그대로 저작권에 인접한, 저작권과 유사한 권리로서 이 권리는 실연자(배우, 가수, 연주자), 음반제작자 및 방송사업자에게 귀속됨

예시	소설가가 소설작품을 창작한 경우에 원고 그대로 출판·배포할 수 있는 복제·배포권과 함께 그 소설을 영화나 번역물 등과 같이 다른 형태로 저작할 수 있는 2차 저작물 작성권, 연극 등으로 공연할 수 있는 공연권 등	■ 실연자가 그의 실연을 녹음 또는 녹화하거나 사진으로 촬영할 권리 ■ 음반제작자는 음반을 복제·배포할 권리 ■ 방송사업자는 그의 방송을 녹음·녹화·사진 등의 방법으로 복제하거나 동시 중계방송할 권리
보호 기간	■ 사람이 저작자인 경우에는 저작물을 창작한 때로부터 시작되어 저작자가 살아 있는 동안과 죽음 다음 해부터 70년간 ■ 법인이나 단체가 저작자인 경우는 공표한 다음 해부터 50년간	■ 실연의 경우의 그 실연을 할 때부터 50년간 ■ 음반의 경우에는 음을 최초로 음반에 고정한 때로부터 50년간 ■ 방송의 경우에 방송을 한 때부터 50년간

지식재산권의 하나로서 인간의 사상 또는 감정 등을 독창적으로 표현한 창작물인 '저작물'에 대하여 창작자가 가지는 독점·배타적인 권리를 말한다. 저작권은 산업재산권과 달리 창작과 동시에 보호를 받으며 보호받기 위하여 별도의 등록절차나 방식을 필수적으로 요구하지는 않는다. 저작권의 권리 기관은 저작자나 저작물의 종류에 따라 다르지만 대체로 저작자 사후 70년간이다. 이러한 저작물의 등록업무는 특허청이 아닌 문화관광부가 맡고 있다.

저작권법에서 예시하고 있는 저작물의 종류로는(제4조) 소설·시·논문·강연·연설·각본 그 밖의 어문저작물, 음악저작물, 연극 및 무용·무언극 그 밖의 연극저작물, 회화·서예·조각·판화·공예·응용미술 저작물 그 밖의 미술저작물, 건축물·건축을 위한 모형 및 설계도서 그 밖의 건축저작물, 사진저작물(이와 유사한 방법으로 제작된 것을 포함한다), 영상저작물, 지도·도표·설계도·약도·모형 그 밖의 도형저작물, 컴퓨터프로그램저작물 등이 있다.

저작권법의 보호대상은 인간의 사상 또는 감정을 '표현'한 창작물이며, 인간의 '사상 또는 감정' 그 자체, 즉 아이디어는 저작권의 보호범위에 속하지 않는다. 이를 아이디어/표현 이분법(Idea/Expression Dichotomy)이라고 한다. 미국 판례법에서 발전한 이론으로서 우리 저작권법에는 명문의 규정이 없지만[7] 판례를 통해 적극적으로 받아들여지고 있다. 독일 등 대륙법계에서는 저작물의 구성요소를 '내용'과 '형식'으로 구분하여 '형식'은 저작권에 의한 보호를 받지만 '내용'은 저작권의 보호를 받지 못하는 것으로 해석하고 있는데, 아이디어/표현 이분법과 동일한 것으로 볼 수 있다. 그런데 현실적으로 저작권의 보호범위에 속하는 표현 또는 형식과 보호범위에 속하지 않는 아이디어 또는 내용을 구분하는 것이 쉬운 일은 아니다.

저작인격권[8]과 저작재산권[9]을 포함한 저작권은 저작물을 창작한 저작자에게, 어떠한 절차나 형식의 이행도 필요 없이 해당 저작물을 창작한 때부터 원시적으로 귀속한다. 저작물을 창작한 저작자에게 저작권을 원시적으로 귀속시키는 것을 '창작자 원칙'이라고 하며, 우리 저작권법은 업무상 저작물을 제외하고는 이러한 창작자 원칙을 채택하고 있다. 따라서 창작의 힌트나 테마를 제공하였거나, 창작을 보조

---

7) 다만, 저작권법은 보호받지 못하는 저작물(제7조)의 하나로 '사실의 전달에 불과한 시사보도'를 규정하고 있고, 컴퓨터프로그램과 관련해서는 다음과 같은 규정을 두고 있다. 제101조의 2(보호의 대상) 프로그램을 작성하기 위하여 사용하는 다음 각 호의 사항에는 이 법을 적용하지 아니한다.
   1. 프로그램 언어: 프로그램을 표현하는 수단으로서 문자·기호 및 그 체계
   2. 규약: 특정한 프로그램에서 프로그램 언어의 용법에 관한 특별한 약속
   3. 해법: 프로그램에서 지시·명령의 조합방법

8) 저작인격권은 저작자가 자신의 저작물에 대하여 가지는 인격적·정신적 이익을 보호하는 권리를 말한다. 역사적으로 저작인격권은 저작재산권보다는 상대적으로 늦게 인정되기 시작했으며, 국가마다 상당한 차이를 보이고 있다. 우리 법상 인정되는 저작인격권은 저작자가 자신의 저작물을 공표하거나 공표하지 아니할 권리인 공표권(법 제11조), 저작물의 원본이나 그 복제물에 또는 저작물의 공표 매체에 그의 실명 또는 이명을 표시할 권리인 성명표시권(법 제12조), 저작물의 내용·형식 및 제호의 동일성을 유지할 권리인 동일성유지권(법 제13조)이다.

9) 저작재산권은 저작물의 이용으로부터 생기는 경제적 이익을 보호하기 위한 권리이다. 저작인격권과 마찬가지로 저작재산권의 내용도 국가마다 일정 부분 차이가 존재한다. 우리 저작권법은 저작재산권의 내용으로 복제권(법 제16조), 공연권(법 제17조), 공중송신권(법 제18조), 전시권(법 제19조), 배포권(법 제20조), 대여권(법 제21조), 2차적 저작물작성권(법 제22조)를 인정하고 있다.

하였거나, 창작을 의뢰하거나 주문한 사람은 저작자가 될 수 없다.

하지만 현실에서는 누가 저작물을 실제로 창작했는지를 결정하는 것이 쉽지 않은 경우가 많다. 창작의 힌트나 테마를 제공하는 것을 넘어 구체적인 지시나 감독을 한 경우, 저작자의 지휘나 감독을 받고는 있지만 나름대로 자신의 개성을 발휘하여 저작물에 창작성을 더한 경우, 창작을 의뢰하면서 자세한 기획이나 구상을 전달한 등의 경우에는 저작자인 경우와 그렇지 않은 경우의 경계가 모호해진다. 그리고 이러한 경우들에서 저작권을 둘러싼 분쟁이 발생하게 된다.

저작권법의 보호대상이 되는 저작물을 창작한 저작자는 저작권법상 일정한 권리를 취득하게 된다. 이때 저작권법에 의해 저작자가 취득하는 권리가 저작권이다. 저작자에게 인정되는 저작권의 내용은 나라마다 약간씩 차이가 있다. 우리 저작권법은 저작자에게 공표권(제11조), 성명표시권(제12조), 동일성유지권(제13조)을 내용으로 하는 저작인격권과 복제권(제16조), 공연권(제17조), 공중송신권(제18조), 전시권(제19조), 배포권(제20조), 대여권(제21조), 2차적 저작물작성권(제22조)을 내용으로 하는 저작재산권을 부여하고 있다(법 제10조 제1항).

저작인격권의 하나인 공표권이란 저작자가 저작물을 공표할 것인지, 아니면 공표하지 아니할 것인지를 결정할 수 있는 권리를 말한다. 저작권자는 저작물을 혼자 사용하고 있다가 후일의 어느 시점에서 공표할 수 있으며, 또 시·소설, SW 등은 한번 공표되고 나면 사회로부터 평가를 받게 되는데 이를 원하지 않는 경우도 있다.

따라서 공표하지 않겠다는 의사를 어기고 저작물을 무단으로 공표하게 되면 공표권을 침해하게 된다. 성명표시권이란 저작물을 공표함에 있어서 저작자의 성명을 원작품이나 복제물에 표시할 권리를 말한다.

저작권자의 허락 없이 실명으로 기재된 것을 이명으로 바꾸거나 삭제하게 되면 성명표시권을 침해하는 것이 되고 반대로 무명으로 공표된 저작물에 성명을 표시하는 경우에도 성명표시권을 침해한 것이 된다.

동일성 유지권이란 저작물의 제호·내용·형식의 동일성을 원형 그대로 유지할 권리를 말한다. 만일 저작자의 허락 없이 프로그램의 원형을 변경·삭제·개변하는 경우에는 동일성 유지권을 침해한 것이 된다.

또한 저작재산권의 하나인 복제권이란 저작자가 자신의 저작물을 복제할 수 있는 권리이며, 또 타인이 허락 없이 복제하는 것을 금지할 수 있는 권리를 말한다. 따라서 P2P(Peer to Peer) 기술을 이용하여 무단 복제된 소프트웨어나 게임, MP3 파일을 내려 받아 PC에 저장하거나 자신의 홈피를 꾸미기 위하여 타인의 웹사이트상의 사진을 무단 복제하는 것은 복제권을 침해하는 것이 된다.

공연권이란 저작물을 상연·연주·가창·연술·상영 등 일반 공중에게 공개하거나 이의 복제물을 재생하여 공개하는 권리를 말하며 비록 돈을 주고 악보를 구입하였다고 하더라도 저작권자의 허락 없이 그 악보를 가지고 연주회를 열어 경제적 이득을 취하였다면 공연권을 침해하는 것이 된다.

공중송신권이란 저작물을 공중이 수신하거나 접근하게 할 목적으로 무선 또는 유선통신의 방법에 의하여 송신하거나 이용에 제공하는 것을 말한다. 전시권은 미술저작물 등의 원작품이나 그 복제물을 전시할 권리를 말하며 전시권의 적용대상에는 미술저작물·사진저작물·건축저작물이 포함된다.

배포권이란 배포란 음악과 같은 저작물의 원본 또는 그 복제물을 공중에게 대가를 받거나 받지 아니하고 양도 또는 대여하는 것을 말하며 저작권자는 저작물을 스스로 배포하거나 타인에게 배포할 수 있도록 허락할 수 있으며 또한 이를 금지할 수 있다.

2차적 저작물의 작성권이란 저작자가 자신의 저작물을 번역, 편곡, 변형, 각색, 영상제작 등의 방법으로 2차적 저작물을 작성할 권리를 말하여 예를 들면, 영국의 유명한 소설가 조앤 롤링(J. K. Rowling)의 해리포터를 영화로 또는 애니메이션으로 제작하는 것을 2차적 저작물을 작성한다고 말한다. 콜럼버스(Chris Columbus) 감독이 해리포터 영화를 만들고 싶다면 조앤 롤링으로부터 2차적 저작물을 만들 수 있는 권한을 얻어야 한다.

저작권과 상표권을 서로 비교해보면 권리의 발생에 있어서 저작권은 창작한 때부터 발생하며 어떠한 절차나 형식의 이행을 필요로 하지 아니한다. 반면에 상표권은 상표등록을 받고자 하는 자는 상표등록 출원서를 특허청장에게 제출하여야 하며, 심사관에 의한 심사를 거쳐 설정등록에 의해 상표권이 발생한다.

권리의 내용 면에서 살펴보면 저작권자는 공표권, 성명표시권, 동일성유지권이라는 저작인격권과, 복제, 공연, 공중송신, 전시, 배포, 대여, 2차적 저작물 작성권이라는 저작재산권을 가진다.

상표권자는 지정상품에 관하여 그 등록상표를 사용할 권리를 독점한다. '상표의 사용'이라 함은 상품 또는 상품의 포장에 상표를 표시하는 행위, 상품 또는 상품의 포장에 상표를 표시한 것을 양도 또는 인도하거나 그 목적으로 전시·수출 또는 수입하는 행위, 상품에 관한 광고·정가표·거래서류·간판 또는 표찰에 상표를 표시하고 전시 또는 반포하는 행위를 말한다.

07

신지식재산권이란?

저작권과 산업재산권을 바탕으로 발전해왔던 전통적 지식재산권 제도는 과학기술의 급속한 발달과 사회 여건의 변화에 따라서 새로운 지식재산의 등장으로 신지식재산권이 나오게 되었다. 예를 들면 반도체의 배치설계나 컴퓨터프로그램의 경우에는 그것을 저작권으로 보호할 것인지 산업재산권으로 보호를 해야 할 권리인지 문제가 있을 수 있다.

〈그림 5〉 신지식재산권 개요

처음 지식재산 제도가 생길 때에는 상상도 하지 못했던 것들이므로 이를 신지식재산이라는 영역으로 만든 것이다. 즉, 전통적인 산업재산권, 저작권의 범주에 속하지 않으면서 경제의 발전 및 변화와 함께 그 보호의 필요성이 대두된 새로운 지식재산권을 의미한다.

일반적으로 신지식재산이란(new intellectual property) 경제적 가치를 지니는 지적창작물로서 법적 보호가 필요하지만 기존의 산업재산권이나 저작권 중 어느 하나로 쉽게 판별될 수 없는 특징을 가진 새로운 지식재산을 총칭하는 개념이다.[10]

선진국에서는 신지식재산권의 보호문제를 국제경쟁에서 생존하기 위한 필수전략 수단으로 인식하고 있는 추세이다. 미국은 1980년대의 만성적인 재정적자와 실업문제를 신지식재산권에 대한 경쟁력 확보를 통해 극복하고자 노력한 대표적인 국가이다.

신지식재산은 일반적인 지식재산과 마찬가지로 창작이나 개발에 많은 시간, 노력, 비용이 드는 반면에, 그 복제가 매우 용이하기 때문에 무임승차(free-ride)에 의한 시장의 실패가 나타날 가능성이 높다. 신지식재산의 구체적인 예로는「부정경쟁방지 및 영업비밀보호에 관한 법률」에 따른 부정경쟁행위로부터 보호되어야 하는 무형의 자산 및 영업비밀,「인터넷주소자원에 관한 법률」에 따른 도메인 이름,「반도체집적회로의 배치설계에 관한 법률」에 따른 반도체집적회로의 배치설계,「종자산업법」에 따른 식물의 신품종,「농산물품질관리법」및「수산물품질관리법」에 따른 지리적 표시,「농업유전 자원의 보호・관리 및 이용에 관한 법률」에 따른 농업유전자원,「생명연구자원의

---

10) 송영식・이상정・김병일(2010), 지적재산권법, 세창출판사.

확보·관리 및 활용에 관한 법률」에 따른 생명연구자원, 「식품산업진흥법」에 따른 전통식품, 「문화재보호법」에 따른 무형문화재, 「한의학육성법」에 따른 한의학 기술 등을 들 수 있으며,[11] 이들 중 유전자원, 전통지식, 전통문화 표현물 등은 아직 법령, 조약 등에 의해 지식재산권으로 보호되고 있지 않기 때문에 '신지식재산권'에 포함된다고 보기는 어렵다.[12]

신지식재산을 보호하는 방법으로는 기존의 지식재산권법의 보호영역을 확대하는 방안과 새로운 법률을 제정하는 방안이 있다. 예를 들어 저작권법의 개정을 통해 컴퓨터프로그램, 데이터베이스, 기술적 보호조치, 권리관리정보 등을 보호하고 있으며, 「특허법」(컴퓨터프로그램, 비즈니스모델 등), 「디자인보호법」(글자체 등), 「상표법」(색채·입체 상표, 홀로그램상표, 지리적 표시, 도메인 이름 등), 「부정경쟁방지법」(영업비밀, 도메인이름 등)을 개정 또는 확대 해석하여 새로운 지식재산을 보호하고 있다.

경우에 따라서는 반도체집적회로, 컴퓨터프로그램[13] 등의 경우처럼 기존의 지식재산권법 대신 새로운 법률을 제정하여 보호하는 경우도 있어 보호가 필요한 지식재산의 특성과 관련 산업의 이해관계를 반영하여 적절한 보호체계를 구축할 필요가 있다.

---

11) 지식재산기본법 초안에서는 이와 같은 신지식재산들이 구체적으로 나열되어 있었으나 지식재산 등의 정의규정을 바꾸는 과정에서 모두 삭제되었다.

12) 한국지식재산연구원(2010), 신지식재산권의 동향조사 및 효율적 정책 대응 방안. 2010 특허청 정책과제.

13) 현재 컴퓨터프로그램보호법은 2009년 저작권법에 통합되면서 폐지된 상태이다.

08

발명과 특허

가. 발명이란

발견이란 "미처 찾아내지 못하였거나 아직 알려지지 아니한 사물이나 현상, 사실 따위를 찾아내는 것"으로 정의할 수 있으며, 콜럼버스의 신대륙 발견이나 고고학자가 새로운 유적과 유물을 찾아내는 것을 발견이라 할 수 있다.

발명이란 지금까지 존재하지 않았던 세상에 없는 것을 새로이 창출해내는 것으로 여러 가지 방법으로 기존의 요소들을 변화시켜 유용한 효과를 갖는 새로운 것이면 모두 발명이다. 발명에 대한 사전적 의미는 기존에 없던 기술이나 물건을 새로 생각하여 만들어내는 것으로 제시하고 있다. 증기기관의 발명이나 금속활자의 발명, 청동기와 문자의 발명 등을 예시할 수 있으며, 「특허법」에서는 "발명이란 자연법칙을 이용한[14] 기술적 사상의[15] 창작으로서 고도한[16] 것이다"

---

14) 자연의 영역에서 경험에 의하여 발견되는 법칙으로서 일정한 원인에 의하여 항상 일정한 확실성을 가지

(「특허법」 제2조 제1호)로 제시하고 있다. 자연법칙을 이용하지 않는 언어나 문자, 수학법칙, 사회적 규범 등은 특허를 받을 수 있는 발명에 해당되지 않는다.

아이디어란(Idea) "어떠한 문제를 해결하기 위한 번쩍이는 생각이나 힌트"로 간단히 정의할 수 있다. 아직까지 구체화가 되지 않았거나 실물이 만들어져 검증이 되지 않은 미숙한 상태의 생각이다. 사람의 뇌에 그저 생각의 상태로 단순히 머물러 있는 것이 아이디어의 상태라 하겠다. 발명은 아이디어 상태로서 인간의 뇌에 머물러 있던 추상적인 생각들을 밖으로 끄집어내어 물품이나 방법에 적용하여 구체화된 상태로 구현한 것을 말한다.

나. 특허를 위한 발명의 조건

발명을 통해 이를 특허로 출원, 등록을 받기 위해선 다음과 같은 몇 가지 기본원칙을 따라야 한다. 첫째, 선출원주의. 동일한 발명(고안)에 대하여 누구에게 특허(실용신안)를 줄 것인가를 판단하는 기준이다. 선출원주의는 먼저 출원한 자에게 특허권을 부여하는 제도로

고 같은 결과가 반복하여 발생할 수 있는 법칙(인과율)에 따르는 것임과 동시에 제3자에 의하여도 반복하여 재현될 수 있는 것, 즉 재현가능성 또는 반복가능성을 구비한 것이라야 한다. 따라서 출원발명이 인간의 추리력 기타 순 지능적·정신적 활동에 의하여 발견되고 안출된 법칙(수학 또는 논리학적 법칙 등), 인위적 결정(금융보험제도, 과세제도, 유희방법) 또는 경제학상의 법칙에 해당하거나 이와 같은 것만을 이용하고 있는 경우에는 자연법칙을 이용하지 아니한 것이어서 특허법상의 발명에 해당하지 아니한다(특허법원 2002.1.17. 선고 2001허3453 판결).

15) '일정한 목적을 달성하기 위한 구체적인 수단'에 관한 '추상적이고 개념적인 착상', 임병웅(2011), 理智 특허법, (주)한빛지적소유권센터.

16) "고도한 것의 의미는 일반적으로 실용신안법 상의 '고안'과 특허법 상의 '발명'을 구분하기 위한 상대적인 개념이므로 실무상 '발명'의 성립요건에 대한 판단 시에는 '고도한 것'에 대해서는 고려하지 않는 것으로 한다(2001허4937)."

한국을 비롯한 대다수의 국가에서 이를 적용하고 있다.

둘째, 선발명주의. 먼저 발명한 자에게 부여한다. 시기적 기준(日 기준)으로 하여 다른 날짜에 출원된 발명의 경우 먼저 출원한 자가 특허를 받을 수 있고, 같은 날짜 출원에 출원된 경우 협의를 하도록 하고, 협의 불성립 시 쌍방 모두 특허를 받을 수 없게 된다(「특허법」 제36조 제2항).

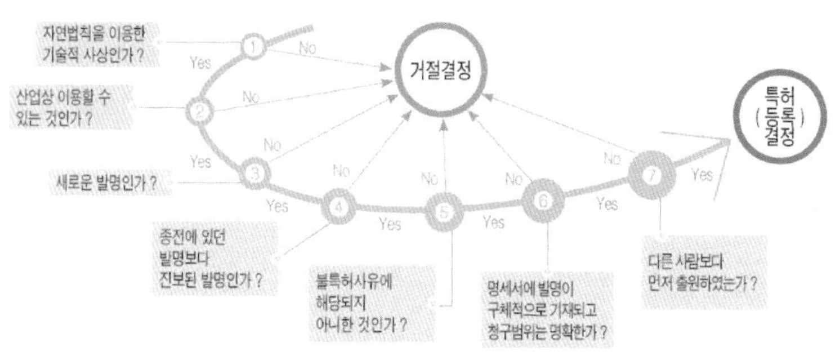

〈그림 6〉 특허등록 요건

셋째, 주체의 동일성. 타인 간은 물론 동일인 간에도 적용된다(특허 및 실용신안).

넷째, 도달주의. 특허청에 서류를 제출하는 경우 언제 그 효력이 발생하는 것으로 보는가에 관해 도달주의와 발신주의가 있다. 우리 특허법은 도달주의를 원칙으로 하고(「특허법」 제28조 제1항), 예외적 으로 국내출원의 경우, 우편물의 발신일이 분명한 경우와 수령증으로 발신한 날이 증명될 경우 우편으로 서류를 제출하는 때에는 우체국 에 제출한 때에 특허청에 도달한 것으로 보는 발신주의를 취하고 있 다(「특허법」 제28조 제2항).

넷째, 속지주의. 1국 1특허의 원칙에 따라 각국의 특허는 서로 독립적으로 효력이 발생하므로 특허권 등을 획득하고자 하는 나라에 출원을 하여 그 나라에서 특허권 등을 취득하여야만 해당 국가에서 독점 배타적 권리를 확보할 수 있다.

특허등록을 받을 수 없는 발명으로는 공공질서 또는 선량한 풍속을 문란하게 하거나 공중의 위생을 해할 염려가 있는 발명(예: 지폐 위조기, 도박에 필요한 기구, 아편흡입기구 등에 관한 발명)(「특허법」 제32조), 국방상 필요한 경우(정부는 정당한 보상금 지급)(「특허법」 제41조) 등이 있다.

특허등록의 요건으로는 자연법칙을 이용한 것이어야 한다. 즉, 단순한 발견이나 자연법칙에 위배되는 발명은 특허로 인정받을 수 없다. 산업상 이용가능성이 있어야 된다. 발명이 특허를 받기 위해서는 산업상 이용가능성이 있어야 하는데 이는 특허법의 목적이 산업발전에 이바지하는 데 있음에 비추어 당연한 요건이라고 할 수 있다. 따라서 산업상 이용가능성이 없는 발명이나 산업 이외의 분야에서만 이용할 수 있는 발명은 비록 신규성과 진보성을 갖추고 있더라도 특허를 받을 수 없다.

산업상 이용할 수 없는 발명으로는 의료행위, 업으로 이용할 수 없는 발명, 현실적으로 명백하게 실시할 수 없는 발명(영구기관 등) 등이 있다. 발명이 특허로 등록되기 위해서는 사회 일반에 알려지지 않은 새로운 발명이어야 한다. 이를 신규성(「특허법」 제29조 제1항)이라고 한다. 신규성에 대한 판단기준은 특허출원 시(시·분·초)를 기준으로 한다. 마지막으로 진보성이(「특허법」 제29조 제2항) 있어야 된다. 발명한 발명기술이 기존에 있던 기술로는 발명할 수 없던 것이어야 된다. 즉, 그 기술 분야에서 통상의 지식을 가진 자인 당업자[17]가 특허출원 당시의 기술 수준에서 용이하게 생각해낼 수 없는 정도를 말한다. 이에 대해 한국, 일본 등과 달리 미국은 비자명성(non-obviousness)이라는 용어를 사용하고 있지만, 그 실체와 법이념은 동일한 정도이다.

이러한 진보성이라는 특허요건은 그 기술 분야에서 통상의 지식을 가진 자가 기존의 기술 수준에서 용이하게 창작할 수 있는 정도 이상으로 기술의 혁신적인 진보를 가져오는 발명에 대해서만 독점권을 인정함으로써 특허법의 목적인 산업발전을 이루고자 하기 위한 특허요건이다.

따라서 진보성의 고저에 따라 산업발전이라는 목적성취도가 달라질 것이므로 진보성의 판단은 중요하다. 그런데 진보성은 당업자의 눈높이로 판단되는 주관적 특허요건이므로 그 판단기준을 어떻게 정할 것인가는 쉽지 않으며 시간에 따라 변해오고 있다.

특허법의 목적과 관련하여 진보성 판단이 중요한 이유는 발명을 보호·장려하고 그 이용을 도모함으로써 기술의 발전을 촉진하여 산업발전에 이바지함을 목적으로 한다(「특허법」 제1조).

이러한 특허제도의 목적을 상기한다면 발명을 독점적으로 보호받고자 하는 발명자와 공개된 발명을 자유롭게 이용하고 나아가 개량 발전시키고자 하는 일반 공중의 이익을 조화롭게 만족시킴으로써 특허제도가 산업발전에 이바지할 수 있도록 통제하는 장치가 바로 진보성이다.

---

17) 당업자란 진보성 유무의 판단에 있어 기준이 되는 자로 "그 발명이 속하는 기술 분야에서 통상의 지식을 가진 자"로서, "출원 시에 당해 기술 분야의 기술상식을 보유하고 있고, 연구개발(실험, 분석, 제조 등을 포함한다)을 위하여 통상의 수단 및 능력을 자유롭게 구사할 수 있으며, 출원 시의 기술 수준에 있는 모든 것을 입수하여 자신의 지식으로 할 수 있고, 발명의 과제와 관련되는 기술 분야의 지식을 자신의 지식으로 할 수 있는 자로서 그 기술 분야에서의 전문가들이 가지고 있는 지식을 체득하고 있는 특허법상의 상상의 인물"을 말한다(특허청(2000), 특허실용신안법 심사지침서).

〈표 8〉 인류역사를 바꾼 발명품

연도	발명품
105년	종이(중국, 채륜)
220년	나침반(중국, 왕충)
연대 미상	화약(중국)
1250년	총(중국)
1377년	금속활자(한국, 고려의 직지심경)-독일 구텐베르크보다 78년 앞섬
1590년	현미경(네덜란드, 젠센)
1671년	기계식 계산기(독일, 라이프니치)-사칙연산과 제곱근 계산이 가능
1876년	전화기(미국 그레이엄 벨)
1879년	전구(미국, 토마스 에디슨)
1903년	비행기(미국, 라이트형제)
1926년	텔레비전(영국, 베어드)
1928년	페니실린(스코틀랜드, 알렉산더 플레밍)
1947년	트랜지스터(미국)
1954년	피임약(미국, 그레고리핀쿠스)
1957년	인공위성(소련, 스푸트니크1호)
1983년	64Kb DRAM(한국, 삼성반도체)
1986년	인터넷(미국)

즉, 독점 배타적 속성을 갖는 특허권이라는 당근을 통해 발명의 사회공개를 유인하고 그렇게 공개된 그 기술사상을 일정 기간 이후에는 일반 공중이 자유롭게 이용하게 해줌으로써 산업발전이라는 특허제도의 목적과 이상을 실현하게 하는 척도가 바로 진보성이다.

특허는 새로운 발명품에 대하여 다른 사람은 만들거나 판매하지 못하도록 일정한 기간 동안 독점권인 권리를 부여하는 것을 말한다. 반면에 그 기술은 특허공보의 형태로 일반인에게 공개가 된다. 특허는 자신의 발명을 세상에 공개하는 대신 독점권을 국가로부터 공식적으로 허용받는 절차이다.

발명은 산업기술에 이용할 수 있는 기술적 창작물로서 반복하여 대량으로 만들어낼 수 있는 것이어야 그 가치가 커지게 된다. 발명은 아이디어의 착상만으로는 그 독점권을 가질 수 없으며 창출된 아이디어를 기술적으로 완성하여 최초로 특허청에 출원함으로써 재산권이 형성된다. 출원 발명에서는 누가 먼저 특허출원을 하느냐 하는 출원의 시기가 매우 중요하다.

아이디어 발상은 발명의 시작이다. 아이디어가 생각나면 메모를 하고, 그 메모된 내용을 인터넷이나 키프리스(www.kipris.or.kr)를 통해 자신의 아이디어를 다른 사람이 먼저 출원했는지 확인하는 선행기술조사 과정이 필수적으로 필요하다. 이 과정에서 같은 내용의 발명이 없으면 특허출원을 하면 된다.

09

발명특허를 통한 성공사례[18)

가. 이태리 타올의 성공사례

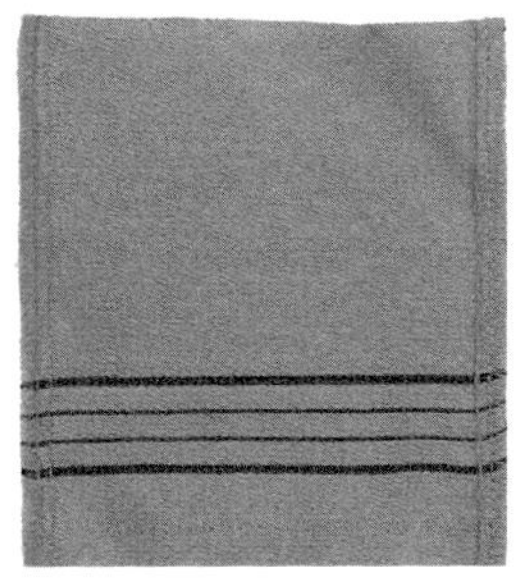

〈그림 7〉 이태리 타올

이태리 타올은 1960년대 김해에 살고 있던 김필곤이라는 사람이 직물회사를 운영하는 친척이 만든 천을 샘플로 받아 목욕할 때 사용하다가 때가 잘 밀리자 손에 끼기 좋게 재봉질을 하여 자신도 쓰고 주위 친지들에게도 나누어 주었는데, 반응이 좋아 실용신안등록을 받고 사업화를 시작하였다.

사업화 시작 후 유사제품들이 쏟아져 나왔고, 김필곤 씨는 시장을 감시하는 데 총력을 기울이고 이러한 제품들이 나올 때마다 자신의 실용신안 권리를 활용하여 민·형사적인 규제를 하여 손해배상을 받으면서 시장에서 독점적인 지위를 누렸다. 이러한 특허 감시활동을

---

18) 최광석(2011), 특허분쟁 사례 및 대응방안, 특허법인 다래.

통하여 그는 이태리 타올로 수백억의 재산을 모으고, 호텔을 인수할 만큼 상당한 수익을 창출하였다.

기업이 새로운 상품을 개발하여 시장을 개척하면, 항상 경쟁자가 그 시장에 뛰어들면서 유사한 제품을 출시하게 된다. 많은 투자와 노력으로 신상품을 개발하고 시장을 개척하였는데 경쟁자가 뛰어들어 그 시장에서 경쟁을 하게 되면, 개척자로서는 허탈하지 않을 수 없게 된다. 이태리 타올은 실용신안등록을 받았고, 당시로서는 이러한 유사상품이 없었기 때문에 권리범위가 넓은 제품이었던 것이다. 만일 등록을 받지 않았다면 유사제품 및 경쟁자의 시장 진입을 막을 수 있는 합법적인 방법은 없게 된다.

나. 쓰쓰이의 성냥갑 성공사례

빌딩의 수위였던 일본인 쓰쓰이는 성냥갑 디자인으로 억만장자가 되었다. 동경올림픽 직전에는 판촉물 개발 열기가 매우 뜨거웠는데, 이때 그는 장방형이라는 성냥갑의 고정관념을 깨고 반달형, 맥주병형, 원통형 등의 디자인을 창안해내었다.

이것들은 대히트를 기록했고 그는 연간 1천만 엔의 로열티 수입을 올릴 수 있었다. 뒤늦게 다른 기업들이 성냥갑의 변형을 시도하였으나, 쓰쓰이가 이미 50여 개의 디자인 출원을 마친 상태였고 대부분의 디자인이 이 50개 디자인의 범위를 벗어날 수 없었기 때문에 시장 진입이 어려워 쓰쓰이에게 디자인에 관한 로열티를 지불하지 않을 수 없었던 것이다.

디자인은 모방이 용이하기 때문에 경쟁자가 바로 출현하게 된다.

쓰쓰이는 상품화한 디자인 외에도 50여 개의 유사한 디자인을 개발
하여 디자인을 출원하고 권리를 확보하였다. 비록 간단한 형상의 성
냥갑에서 50여 개의 변형 가능한 디자인을 개발하여 권리망을 구축
해놓은 것이다.

경쟁자들이 쓰쓰이의 디자인 권리 때문에 성냥갑 시장에 더 이상
변형된 디자인을 출시할 수 없었던 것이다. 비록 쓰쓰이가 상품화하고
있지 않은 디자인이라고 하더라도 쓰쓰이의 디자인 권리침해가 발생
하여 시장 진입이 불가능한 것이다. 디자인 경영 측면에서 쓰쓰이가
자신이 시장을 독점하지 않고 사용권을 허여하여 로열티를 받은 것은
쓰쓰이 혼자 이 시장을 키우기가 어려웠으며, 이 경우 독점하더라도
마진이 크지 않기 때문에 경쟁자의 진입을 허용하여 시장을 조기에
크게 키우는 것이 매출을 늘리면서 로열티라는 엄청난 매출 수익의
효과를 갖는 방법을 병행하여 수익의 극대화를 도모한 것이다.

다. 로만손사의 OEM(주문자 상표 부착방식)을 탈피한 브랜드 성공사례

주식회사 로만손은 1988년 창업한 시계 제조업체로 1989년부터 중
동 지역 수출을 개시로 미주 지역에 걸쳐 현재 세계 50여 개국에 시
계를 수출하고 있다. 로만손사도 처음에는 다른 시계업체들과 같이
주문자 상표방식으로 제품을 만들어 팔았으나, 자기 상표개발을 통한
수출로 전환하는 것이 장기적으로 승산이 높다는 생각으로 '로만손'
이란 브랜드가 탄생하게 되었다.

창립 당시 국내 시계시장은 4대 대기업이 90%를 점유하고, 나머지
10%의 시장만 놓고 중소기업들이 치열한 경쟁을 벌이고 있었다. 후

발기업이었던 로만손사는 해외로 눈을 돌리며, 일본 업체에 납품하는 주문자 상표부착방식(OEM)으로 수익을 창출하고 있었다.

하지만 1년 후 이 일본 업체는 단가가 낮은 홍콩 업체로 거래를 바꾸며 일방적으로 주문이 끊어졌다. 아무런 준비 없이 맞게 된 위기 앞에 로만손사는 고유 브랜드의 필요성을 절실하게 느끼며, '로만손'이라는 자체 브랜드를 개발한 것이다.

로만손사는 브랜드 시장을 개척하면서 초기에 어려움은 있었으나 이를 잘 극복하고 시간이 갈수록 상승효과가 발생하여 50개국으로 브랜드 수출이 확대된 것이며, 이러한 자기 브랜드 시장의 확보로 안정적인 마케팅과 수익구조를 가지게 되는 효과를 보게 된 것이다.

알아두면 유익한 정보

<table><tr><td>1</td><td>특허출원인 및 특허권자 보호</td></tr></table>

❏ 특허(실용신안등록) 출원인 보호: 보상금청구권

출원공개가 있은 후 특허(실용신안등록) 출원된 발명(고안)을 업으로 실시한 자에게 특허(실용신안등록) 출원된 발명(고안)을 서면으로 경고한 후 또는 업으로 실시한 자가 특허(실용신안등록) 출원된 발명(고안)을 안 때부터 특허권(실용신안권)의 설정 등록 시까지의 기간 동안 그 특허발명의 실시에 대하여 통상 받을 수 있는 금액에 상당하는 보상금의 지급청구가 가능하다. 다만 특허권(실용신안권)이 설정 등록된 이후에 행사가 가능하다.

❏ 특허권(실용신안권)자 및 전용 실시권자 보호

첫째, 민사상 보호형태로 침해금지청구권, 손해배상청구권, 신용회복청구권, 부당이득반환청구권 등이 있으며,

둘째, 형사상 보호(특허침해죄)로 특허권이 고의로 침해된 경우 특허권자 또는 전용실시권자는 경찰이나 검찰에 고소하여 특허권에 대한 침해죄를 추궁할 수 있다. 특허권 등 침해죄는 고소를 요하는 친고죄인 반면, 상표권 침해죄는 고소 없이도 가능한 비친고죄이다.

<table><tr><td>2</td><td>전용실시권과 통상실시권</td></tr></table>

□ 전용실시권

전용실시권이란 일정 범위 내에서 타인의 특허발명을 업으로서 '독점 실시' 할 수 있는 권리로서 전용실시권이 설정된 범위 내에는 특허권자도 전용실시권자의 허락 없이 특허발명을 실시할 수 없게 된다.

따라서 특허권자라도 전용실시권자의 권리범위 내에서 실시하면 전용실시권을 침해하는 것이 되며 전용실시권자는 자기의 이름으로 침해자에게 침해금지청구와 손해배상청구를 할 수 있다.

전용실시권은 설정계약만으로 발생하는 것이 아니며, 반드시 특허청에 설정등록을 하여야 효력이 발생하며 설정계약의 만료 또는 특허권의 소멸에 의해 전용실시권도 소멸한다.

□ 통상실시권

통상실시권이란 타인의 특허발명을 일정 조건하에서 업으로 실시할 수 있는 권리로서, 통상실시권은 전용실시권과는 달리 독점력이 없으며 다수의 제3자에게 같은 범위의 통상실시권을 허락할 수 있다.

설정계약, 법률의 규정 및 행정청의 처분으로 발생하며 전용실시권과 달리 설정등록은 효력발생 요건이 아니라 제3자 대항요건이다.

종류로는 허락실시권, 법정실시권, 강제실시권이 있으며 허락실시권은 특허권자가 그 특허권을 타인이 실시하도록 허락한 통상실시권을 말하며 통상실시권 중 가장 많은 부분을 차지한다. 기술도입, 기술제휴 등은 허락실시권의 설정을 내용으로 하는 실시계약에 의해 이루어진다.

법정실시권은 공익상 필요한 경우에 특허권자의 의사와 관계없이 법률상 당연히 발생하는 통상실시권을 말하며 강제실시권이란 국방상 필요 등의 일정한 사유가 있을 때 행정기관의 처분이나 심판에 의해 강제적으로 설정되는 실시권을 말한다.

3 | 실용신안과 특허의 차이점

☐ 특허의 대상이 되는 '발명'의 특허법상 정의는 "자연법칙을 이용한 기술적 사상의 창작으로서 고도한 것"이고, 실용신안등록의 대상이 되는 '고안'의 실용신안법상 정의는 "자연법칙을 이용한 기술적 사상의 창작"으로 되어 있다. 따라서 특허와 실용신안의 차이점은 발명의 '고도성' 여부에 있다고 할 수 있다.

☐ 또한 특허법의 보호대상이 되는 발명에는 '물건'에 관한 발명과 '방법'에 관한 발명으로 나눌 수 있고, '물건'은 다시 일정한 형태를 가지는 '물품'과 일정한 형태가 없는 '물질'로 구분할 수 있다. 실용신안법은 이들 중 일정한 형태를 가진 '물품'에 관한 고안만을 보호대상으로 규정하고 있다.

☐ 특허법의 보호대상이 기술적 사상의 창작으로서 고도한 것, 다시 말해서 발명(Invention)임에 대하여 실용신안법의 그것은 고안(Utility Model), 즉 기술적 사상의 창작인 점에서는 발명과 같

지만 고도하지 않아도 된다는 점에서 발명과 다르다. 특허는 물건(물품, 물질)의 발명이나 방법의 발명이 가능하지만 실용신안은 반드시 물품의 발명이어야 된다.

발명 10계명

□ 아이디어가 떠오르면 즉시 기록하자

세계의 뛰어난 발명인들은 한결같이 '기록광'들이었다. 기록은 후일에 발명의 재료가 되는 것으로 기록하지 않고 훌륭한 발명인이 된 경우는 많지 않다. 잠자리에 들기 전에 생각난 것과 꿈에 본 것을 그 자리에서 녹음해두거나 기록해둘 필요가 있다.

□ 필요는 발명의 어머니, 필요가 발명을 낳는다

모든 일과 사물에 관심이 있어야 아이디어가 나온다는 의미이다. 기계에 전혀 관심이 없는 사람에게서 기계의 아이디어가 나올 리는 없다. 더 좋은 생활을 찾는 곳에 아이디어는 태어나며 그런 현실성에 하나의 희망을 결합시키지 않으면 발명은 결코 태어나지 않는다. 주변은 아이디어를 낼 수 있는 소재의 홍수 속이다. 그때그때 어떻게 하면 편리할까 연구하고 개발하는 습관을 몸에 익혀야 한다.

□ 더하기도 발명이다

발명의 기법 중에서 가장 쉬운 방법이 더하기이다. 물건과 물건 혹은 방법과 방법을 더하기만 하면 된다. 새로운 물건과 방법이 아닌 이미 있는 물건과 방법들을 활용해 서로 더하는 손쉬운 기법이다. 지우개 달린 연필의 발명이 단적인 실례이다. 이밖에 냉동 겸용 냉장고나 보온 겸용 밥솥, 시계 겸용 라디오를 비롯해 장식 겸용 전등, 목걸이 겸용 시계 등을 들 수 있다.

❒ 모양을 바꾸어보라

사각모양을 삼각 또는 원모양으로 바꿔 더욱 아름답게 했다면 그
것도 발명으로 등록을 받을 수 있다. 어떤 방법이든 모양을 바꿔 더
욱 아름답고 편리하게 사용할 수만 있다면 훌륭한 발명인 셈이다. 유
선형 만년필을 만든 파카도 디자인으로 세계적인 만년필 왕이 되었
다. 디자인은 물건의 형태뿐만 아니라 옷감의 무늬와 같이 아름다운
무늬를 도안했다면 그것도 발명이다.

❒ 용도를 바꾸는 것도 발명이다

물건에는 나름대로 용도가 있지만 고정관념에서 탈피해 용도를 찾
다 보면 그 쓰임새를 바꿀 수 있다. 훌라후프의 경우 초창기 폭발적
인 매출을 보였으나 유행이 지나자 매출이 주춤거렸다. 난감한 문제
였으나 작은 비닐하우스에 사용하는 활모양의 대나무쪽 대신으로 사
용하는 방법을 찾아냈다. 대나무와 달라서 마디가 없으므로 비닐이
찢어지지도 않았고 가격도 저렴해 폭발적인 인기를 되찾았다.

❒ 반대 생각도 발명이다

모양, 크기, 방향, 수, 성질 등을 어떤 방법으로든지 반대로 생각해
보는 것이다. 손으로 전진 또는 후진을 하고 발로 방향을 조정하는
세발자전거의 발명이나 지금껏 땅바닥에서만 돌릴 수 있었던 팽이를
공중에서도 돌릴 수 있게 만든 공중회전 팽이의 발명이 그 예이다.

❒ 남의 아이디어를 빌리는 것도 발명이다

이미 특허로 등록돼 있는 기술일지라도 이를 보다 좋게 개선하면

실용신안등록이 가능하다. 특허를 대발명이라 하고 실용신안을 소발명이라 명명하는 이유가 여기에 있다. 루돌프 디젤은 어느 여선생이 고안한 라이터를 기초로 디젤 엔진을 발명했다. 또 일본의 한 회사는 '먹이를 먹으러 들어가면 나오지 못하는 쥐 틀'이라는 남의 아이디어를 빌려 바퀴벌레 틀을 발명하였다.

❑ 폐기물을 이용하라

제2차 세계대전 이후 자원이 부족한 일본이 석탄의 폐기물인 타르에서 아닐린을 채취했고 버린 가죽으로 장갑이나 지갑을 만들었다. 폐기물을 이용한 발명처럼 쉬운 기법도 드물다. 폐기물은 그 형태와 기능을 유지하고 있기 때문에 창작이 아닌 개선만으로도 좋은 발명이 될 수 있다. 폐기물을 활용할 때에는 우선 그 폐기물의 성질 또는 기능의 파악부터 시작하고 귀찮은 부분도 그냥 지나쳐 버리면 안 된다.

❑ 재료를 바꾸는 것도 발명이다

장갑의 경우 재료만 바꾼 고무장갑, 가죽장갑, 털장갑, 비닐장갑 등 여러 종류가 있다. 벽돌의 경우도 흙벽돌, 시멘트벽돌, 연탄재벽돌 등 여러 가지가 있다. 하지만 무조건 재료만 바꾼다고 발명이 되는 것은 아니다. 재료를 바꾸어 더욱 편리하고 유용하게 쓸 수 있어 소비자의 사랑을 받을 수 있어야 성공한 발명이라 할 수 있다.

❑ 크게 하고 작게 하는 것도 발명이다

'무엇인가 덧붙이면, 좀 더 시간을 걸리게 하면, 횟수를 늘리면, 길게 하면, 다른 가치를 부여하면, 크게 과장하면' 하는 생각들도 발명의 지름길이다. 3개의 건전지와 5배구라는 꼬마전구를 이용한 마쓰시타의 내셔널 램프, 기존의 3@밖에 가지 못하는 태엽용 완구자동차를 20~30@ 정도 달릴 수 있는 모터용 완구자동차, 드라이버 끝에 라이트를 붙여 어두운 곳에서도 작업이 가능한 드라이버 라이트가 그런 경우이다. 이렇듯 크게 하거나 작게 해서 개발할 수 있는 발명의 대상은 우리 주위에 수없이 많다.

내 아이디어를 특허로 만들기:

특허출원은 이렇게 준비하자

선행기술(특허정보) 조사

특허는 발명의 내용에 대한 정보를 일반에 공개하는 대가로 발명자에게 부여되는 독점적 권리이다. 특허정보는 특허제도상에서 특정 발명에 대해 이러한 권리를 부여하는 과정에서 나타나는 모든 관련 정보들을 뜻하며, 일반적으로 출원인이 특허권을 인정받기 위해서 해당 국가기관에 특허출원서를 제출하는 출원행위에서부터 발생되는 모든 문서상, 행정상 정보들을 포괄한다.

특허정보 조사의 종류로는[19] 첫째, 서지사항 조사가 있다. 서지조사(Bibliographic Search)는 특정한 특허번호에 의해 어떤 것이 보호되는지 특정한 발명자가 소유하고 있는 특허가 어떤 것인지를 알아내는 것으로, 서지사항 조사는 일반적으로 이력조사, 연혁조사, 연대조사 등의 정보를 얻는 목적으로 주로 행해진다.

둘째, 특허성 조사. 특허성 조사는(Patentability Search) 가장 일반적인 조사로 특정발명이 특허를 받을 수 있는 주제인지, 유용한지, 신규

---

19) 지식재산연구소(2006), 중소기업을 위한 지식재산 관리 매뉴얼, 대한변리사회부설 지식재산연구소.

성이 있는지, 자명하지 않은지를 판단하는 것이다. 그래서 특허성 조사를 발명의 개발 이전에 하는 것이 불필요한 낭비를 줄일 수 있다. 이 조사의 목적은 발명자가 이전의 특허(선행기술)가 존재하는지 조사하는 것이다. 발명자는 특허출원을 준비하는 데 유용한 선행자료를 조사할 수 있다.

〈표 9〉 국내외 검색 사이트 안내

국내		
기관	주소	구분
한국특허정보원	http://www.kipris.or.kr	무료 제공
과학기술정보 통합서비스	http://www.ndsl.kr	무료 제공
윕스	국내외 특허 검색: http://search.wips.co.kr 국내 디자인 검색: http://design.wips.co.kr	유료
줌테크놀러지	http://www.brandwatch.co.kr	유료
국외		
세계지식재산기구	국제 특허 http://www.wipo.int/pctdb/en/	무료 제공
세계지식재산기구	국제 상표 http://www.wipo.int/ipdl/en/search/madrid/search-struct.jsp	무료 제공
세계지식재산기구	디자인 http://www.wipo.int/ipdl/en/search/hague/search-struct.jsp	무료 제공
Questel QPAT	http://www.qpat.com/index.htm	유료
Delphion	http://www.delphion.com	유료
Patolis	http://www.patolis.co.jp	유료
STO	http://www.bustpatents.com	유료
DERWENT	http://www.derwent.co.uk	유료
Dialog Web	http://www.dialogweb.com	유료
THOMSON REUTERS	http://www.micropat.com/static/index.htm	유료

　발명아이디어 또는 출원된 특허에 대한 선행기술 조사를 통하여 권리취득 가능성을 미리 확인 후 출원 여부를 결정하거나 청구범위

를 변경할 수 있도록 하여 최대한 넓고 강한 권리를 취득할 수 있도록 지원할 수 있는 가장 기본적인 활용방법이라 할 수 있다.

발명품을 출원하거나 연구 개발하기 전에 연구개발 결과물로서의 발명이 신규성, 진보성 등을 갖추고 있는지를 판단하여 불필요한 연구개발을 진행하는 것을 방지하기 위해 선행기술 조사가 반드시 필요하다. 조사범위는 비용 대비효과로 결정되고 대상은 주로 '특허공개공보', '특허공보', '실용공개공보' 등이 있다.

선행기술조사보고서 (Search Report)				
학과		학번		성명	
조사대상기술명				
조사대상기술개요				
국제특허분류	IPC	IPC 설명		
조사개요	조사범위	☐ 한국 ☐ 미국 ☐ 일본 ☐ EP ☐ PCT ☐ 기타		
	조사DB	☐ KIPRIS ☐ WPS ☐ JPO ☐ 기타		
	조사기간	~ ○○○○.○○.○○까지의 공개 및 등록건		
키워드				
검색식				
조사분석결과	관련도	관련자료		
	X			
	Y			
	A			
주요참증과의 대응내용				
특허등록가능성 판단				
출원시 특허등록가능방안				
특허침해가능성판단 및 회피설계방안				
조사대상기술 및 주요참증의 대비표				
참고참증 리스트				

* 관련도 : X-관련높음, Y-관련있음, A-관련은 없으나 참고할 자료

〈그림 8〉 선행기술 조사보고서 예시

선행기술 정보란 발명자, 출원인, 출원일, 공고일, 발명의 명칭, 발명의 상세한 설명, 특허 청구범위, 도면 등이 게재된 정보자료를 의미한다.

선행기술 정보조사는 해당 기술에 대하여 10~20건 정도의 관련 특허문헌들을 조사하는 협의의 특허조사를 의미하며 해당 기술과 가장 밀접하게 관련된 특허문헌들만 조사하여 보고서를 작성하므로 해당 기술의 특허등록 가능성을 쉽게 판단할 수 있다.

따라서 선행기술 조사를 통하여 관련 선행문헌들을 추출한 후에 해당 기술의 등록 가능성과 등록 가능성을 높이기 위한 방안, 특허침해 가능성 판단 및 회피설계방안, 조사대상 기술과 주요 선행문헌의 대비표 그리고 참고참증 리스트 등의 내용을 기재해야 한다.

가. 각국의 특허문서 검색방법

(1) 한국 특허 검색시스템(KIPRIS, WIPS)

KIPRIS는 검색메뉴를 지속적으로 개편하여 사용자 인터페이스를 강화하고 있고, 검색메뉴에서 통합검색 기능을 제공하며 한국에서 제공하는 무료 검색사이트이다. 통합검색용 창에 키워드를 넣고 검색하는 경우, 특허실용, 디자인, 상표, 해외특허들(US, JP, EP, PCT)이 일괄적으로 검색되고, 통합검색에서는 AND(*), OR(+), NOT(!)의 연산자 등을 사용할 수 있다.

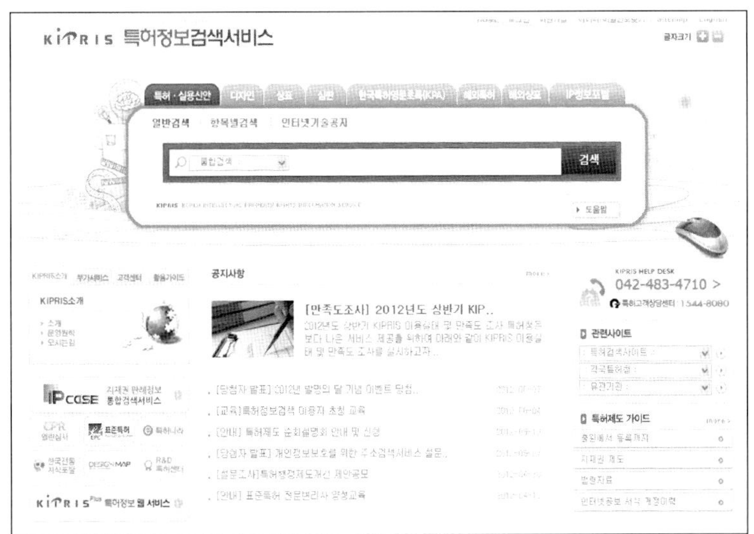

〈그림 9〉 KIPRIS 특허검색 메인페이지

이 외에 한국의 대표적인 유료 검색사이트인 WIPS 등이 있으며 STEP 검색, 인접 연산자, 클러스터링, 선택문헌 일괄보기, 패밀리 등의 편리한 사용자 인터페이스를 제공함으로써 검색 편의성을 높였다는 특징이 있다.

검색식 작성 시 일반적으로 키워드를 사용하여 특허문헌을 조사하는 방법이 사용되며 키워드는 문장이나 문단에서 핵심이 되는 단어 또는 어구를 의미하며 키워드를 적절히 선정함으로써 원하는 특허문헌을 찾을 수 있다.

선행기술 검색 시 다음과 같은 순서로 특허정보 조사를 할 수 있다.

〈표 10〉 KIPRIS 검색 연산자

No	연산유형	연산자	검색식 예	검색식 예
1	논리 연산	AND	and	입력된 키워드 2개가 모두 포함된 검색	얼음 and 진동
2		OR	or, space	입력된 키워드 중 1개라도 포함된 검색	얼음 or 진동
3		NOT	not	입력된 키워드 2개 중 1개는 반드시 포함하고, 다른 1개는 불포함 검색	얼음 not 진동
4		후방 절단 1	*	입력된 키워드를 포함한 단어의 검색 전방절단은 지원하지 않음	얼음*
5		후방 절단 2	?	입력된 키워드를 포함하는 단어 중 ?의 개수에 대응하는 철자를 포함하는 단어의 검색 전방절단은 지원하지 않음	얼음?

〈표 11〉 KIPRIS 검색 연산자

No	연산유형	연산자	검색식 예	검색식 예
1	논리 연산	AND	*	입력된 키워드 2개가 모두 포함된 검색	얼음*진동
2		OR	+	입력된 키워드 중 1개라도 포함된 검색	얼음+진동
3		NOT	!	입력된 키워드 2개 중 1개는 반드시 포함하고, 다른 1개는 불포함 검색	얼음*!진동
4	구문 연산	구문	' '	공란이 포함되고 연속적으로 기재된 구문을 검색	'얼음 진동'
5		인접 배열	^#	첫 번째 검색어와 두 번째 검색어의 거리가 # 이하로 떨어져 있는 구문을 검색	얼음^2진동

① 검색식을 작성하고자 하는 경우는 먼저 해당되는 기술 타깃을 선정한 후 타깃의 핵심이 되는 키워드를 포착하며 여기서 복수의 키워드들을 추출할 수 있다.

② 각 키워드에 대한 확장 키워드를 추출하여 각 키워드마다 확장 키워드를 병렬관계로 나열한다.

③ 모든 키워드들을 and 조합으로 묶음으로써 검색식을 작성한다.

④ 작성된 검색식을 이용하여 검색(서치)을 실시한다.

⑤ 검색한 결과를 바탕으로 검색식을 다시 수정하는 과정을 반복함으로써 검색식을 이용하여 원하는 특허문헌들을 찾을 수 있다.

〈그림 10〉 키워드를 이용한 특허정보조사 절차

(2) 미국 특허 검색시스템

USPTO의 검색사이트(http://patft.uspto.gov/)를 이용하여 미국 등록특허 및 공개특허자료의 검색이 가능하다.

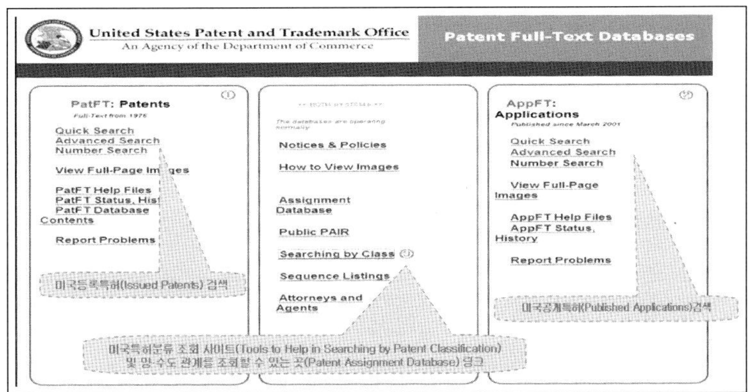

〈그림 11〉 미국 특허청 특허검색 메인페이지

검색 페이지는 크게 3부분으로 구분할 수 있으며 ① 부분은 등록
특허 검색페이지와 링크되어 있으며 Quick Search, Advanced Search,
Patent Number Search로 구분되며, 기타 관련 정보 항목이 있다.

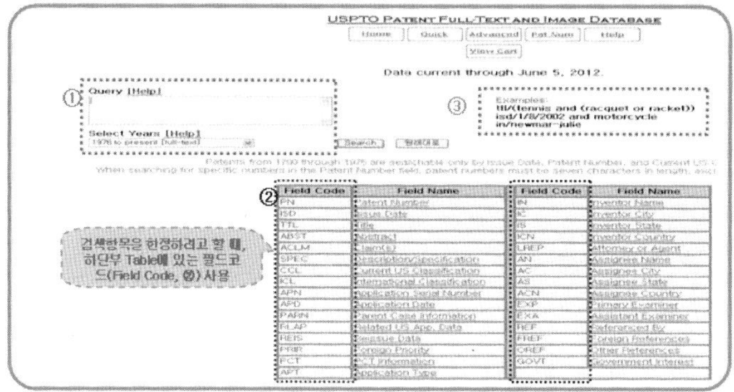

〈그림 12〉 미국 특허청 Advanced Search 화면

② 부분은 공개특허 검색페이지와 링크되어 있으며 공개특허 역시
Quick Search, Advanced Search, Patent Number Search로 구분되어 있으
며, ③ 부분은 USPC를 조회할 수 있는 페이지로 링크되어 있다.

검색을 원하는 특허가 공개특허인지 등록특허인지를 구분한 후 해
당 부분으로 클릭하면 검색을 수행할 수 있다. 검색방법은 크게 Quick
Search를 이용하는 방법과 Advanced Search를 이용하는 방법이 있으며
Quick Search 방법은 검색 항목수의 제한(2개 이내) 때문에 처음부터
Advanced Search를 이용하는 방법이 추천된다.

① Query: 검색식(USPC 클래스)을 입력한다.

② 입력 예: 검색식 입력 예를 나타내며, 필드코드와 검색식은 '/'
기호로 구분하며, 클래스와 서브클래스도 '/' 기호로 구분한다.

③ 필드설명: 각 검색 필드의 필드코드와 필드명을 표 형태로 나타
내고 있다.

〈표 12〉 Quary를 통한 Advanced Search 예

필드코드	설명
TTL, ABST/(inkjet or ink?jet or "ink jet")	발명의 명칭이나 요약부분에 inkjet, ink-jet, ink jet을 포함하는 미국 특허문헌
ISD/20060101->20060630	2006년 1월부터 6월까지 등록된 미국 특허문헌
CCL/349/106 or CCL/349/113	미국 특허분류가 349/106이거나 349/113에 속하는 특허문헌
IN/Park-Yong-Jun	발명자가 Park Yong Jun인 미국 특허문헌
TTL/"Golf club" and not apt/4	발명의 명칭에 구문 "Golf Club"을 포함하되, 출원타입이 디자인인 것은 제외한 특허문헌
ICN/tw or ACN/tw	발명자나 출원인 국적이 대만(Taiwan)인 미국 특허문헌
AN/(samsung and electronic$)	출원인(Assignee)이 삼성전자인 미국 특허문헌

(3) 일본 특허 검색시스템

일본 특허청에서 제공하는 특허검색 사이트로서 1993년 이후의 일
본 공개특허 및 1986년 이후의 일본(공고) 등록특허를 제공하며 텍스
트 검색 및 1971년 이후의 각종 문헌의 경과정보(출원, 심사, 등록, 심
판정보)의 검색이 가능하다.

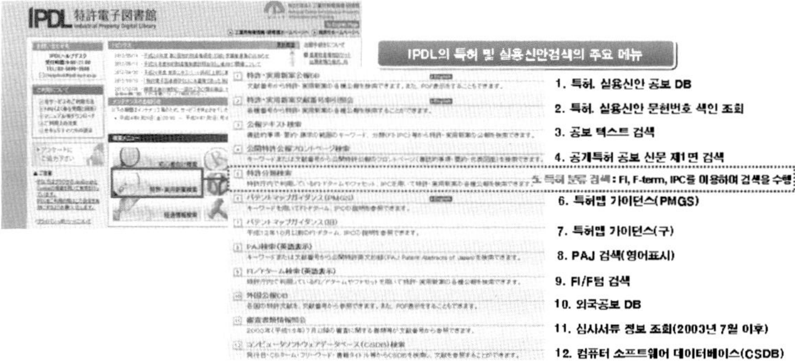

〈그림 13〉 일본 특허청 특허검색 메인페이지

특허·실용신안 검색은 특허 및 실용신안과 관련된 검색을 수행할
수 있는 항목으로써, 총 10개의 세부 검색항목으로 구분되어 있다. 6
번째 항목인 특허맵 가이던스(PMGS)는 해당 기술의 특허를 검색할
수 있는 검색화면과 링크되어 있다.

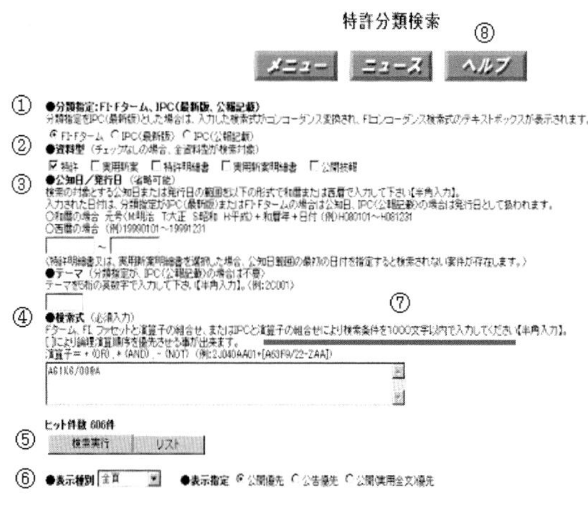

〈그림 14〉 특허맵 가이던스(PMGS)

① 분류지정: 검색하고자 하는 특허분류를 선택한다.

② 검색대상: 검색하고자 하는 자료의 대상을 선택한다. 선택하지
않은 경우는 특허, 실용신안, 특허명세서, 실용신안명세서, 공개
공보 전체를 대상으로 검색이 수행된다.

③ 공개일/발행일: 검색 대상건의 기간을 설정할 수 있다.

④ 검색식: FI 분류를 입력하여 검색을 수행한다. FI 분류뿐만 아니
라, F-term 분류와 조합하여 검색하는 것이 가능하다. 상기 그림
은 FI 검색을 위해 'A61K6/00@A'를 입력한 것으로, 분책식별기
호 A 앞에는 @ 기호를 넣으며, 식별기호(숫자) 앞에는 , 기호를
넣는다.

⑤ FI 분류 'A61K6/00@A'로 특허를 검색한 결과, 606건이 검색되
었음을 나타낸다. 결과 리스트를 확인하려면 리스트 버튼을 클
릭한다.

⑥ 표시형태: 전문, 첫 페이지, 청구항, 도면으로 구분되어 있다.

(4) 유럽 특허 검색시스템

유럽 특허 검색사이트인 Espacenet은 전 세계적으로 가장 많은 특허
문헌 정보를 제공하는 사이트로 초록정보를 중심으로 검색이 가능하
며 유럽 특허분류(ECLA) 등을 적절히 활용하면 효과적으로 검색할 수
있다.

유럽 특허뿐만 아니라 일본 공개특허 영문초록도 제공함으로 일본
어에 익숙하지 않은 사용자도 일본 특허를 용이하게 검색할 수 있는
특징이 있다.

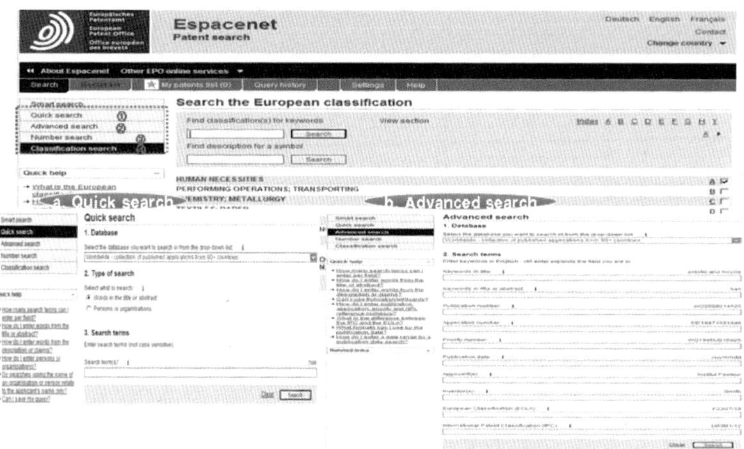

<段>

〈그림 15〉 유럽 특허청 특허검색 메인페이지

① Quick Search: 간단한 검색어에 의한 검색을 할 수 있다.

② Advanced Search: 여러 개의 검색항목에 검색어를 입력하여 복합 검색을 할 수 있다.

③ Number Search: 공보번호를 입력하여 검색을 할 수 있다.

④ Classification Search: 유럽 특허분류인 ECLA를 조회할 수 있다.

Quick search 방법은 하나의 단어만을 사용하여 빠르게 검색이 가능하며 Advanced search 방법은 키워드, 분류 코드, 공개일 등 다양한 조합을 통한 검색이 가능하다.

02

특허맵 작성하기

특허맵이란 시장의 특허취득 상황을 이해하기 쉽게 데이터베이스화한 것이다. 특허맵의 작성과 분석은 유효한 연구개발에 대한 전략수립 및 실시를 위해 반드시 필요한 작업이다.

〈표 13〉 특허맵의 활용목적과 용도

연구개발 전략수립 (Techno Map)	· R&D 동향 파악, 공백 기술 분야 파악, 선행 프로젝트의 현존기술 파악, 중요 특허 파악, 타깃제품의 시장조사
	· 기술 분야의 체계 파악, 자사의 위치 설정
경영 전략수립 (Manage Map)	· 경쟁사의 동향 파악, 시장동향 및 상품의 변혁과 흐름파악
	· 신규 사업방향 및 가능성 파악
	· 자가 기술 매각, 해외진출, 기술도입
	· 사업화 시 주의를 요하는 권리 파악
특허 전략수립 (Claim Map)	· 정보제공, 이의신청 및 무효 심판 등의 자료
	· 특허 관리망 형성
	· 강력한 특허권 취득을 위한 명세서 작성

특허맵의 작성을 위한 기본적인 요소로서는 특허분류, 출원인, 발명자, 기술 키워드, 시계열, 기간 등이 있다. 특허맵으로는 랭킹맵(RANKING MAP) 즉, 특허정보를 건수의 많고 적은 순서로 배열함으로써 주도하는 특허가 무엇인가를 파악하는 것이 가능하게 된다. 예를 들면 A사의 기술분류에 따라 연차마다 특허출원 건수를 많은 순서대로 나열할 수 있다.

점유맵(Share Map)으로 특허정보의 각 분야나 항목이 차지하는 비율, 즉 점유비율에 따라서 특허상황을 파악하는 것이 가능하게 된다. A사의 기술분류에 따라 연차마다 특허출원 건수를 점유비율로 배열할 수 있다. 이외에도 시계열, 레이더맵 등 그 종류는 분석하는 관점에 따라 달리 불린다.

03

출원하기

특허출원이란 새로운 발명을 한 사람이 그 발명을 공개하는 대가로 독점권을 갖기 위해 특허를 허락해달라고 국가(특허청)에 일정한 양식과 절차에 따라 신청하는 행위를 말한다.

특허청은 이러한 신청을 받게 되면 절차와 양식이 맞게 되었는지를 보고(방식심사) 제대로 된 출원에 대하여 특허권을 허여하여야 할 일정한 요건을 갖추었는지를 심사(실체심사)하여 특허 여부를 결정하게 된다.

가. 온라인 출원하기[20]

온라인 방식의 사전절차는 다음과 같다. 첫째, 출원인 코드 부여신청. 산업재산권 출원인의 식별 아이디로 특허 등의 절차를 밟고자 하는 출원인은 사전에 코드를 부여받아야 절차를 진행할 수 있다. 온라

---

20) 특허청 특허로 홈페이지: http://www.patent.go.kr.

인 출원인 코드 신청 시에는 미리 사용 인감 이미지(JPEG 포맷)를 준비하여 출원인 코드 신청 시 첨부해야 한다.

향후 특허청에 대한 절차 수행 시 모든 출원서 및 중간서류의 출원인(대리인) 기재란에 반드시 고유번호(코드)를 기재하고 등록된 인장 또는 서명을 사용(미기재 시 반려대상)하여야 한다.

특허로 홈페이지(http://www.patent.go.kr) → 출원신청 → 국내출원 → 출원신청 사전절차 → 출원인 코드부여 신청의 신청서를 작성하여 온라인으로 제출한다. 또는 특허청 홈페이지(www.kipo.go.kr) 중앙 하단 → 자주 이용하는 서비스 → 민원서식 다운로드에서 출원인 코드부여신청서(별지 제4호 서식)를 다운로드 받아 작성한 후 직접방문 접수하거나 우편으로 신청이 가능하다.

〈그림 16〉 온라인 사전 출원절차

둘째, 전자문서 이용신고(「특허법」 제28조의 4, 특허법시행규칙 제9조의 3)서의 제출. 전자출원(온라인 출원) 하고자 할 경우에는 반드시 전자문서 이용신고서(인장 또는 서명날인)를 제출하여 등록을 하여야 한다.[21]

셋째, 인증서 발급 및 재발급. 출원인 코드 부여와 전자문서 이용신고가 승인된 후에는 특허청 인증서 또는 공인인증서를 통해 산업

---

21) 특허로 홈페이지(http://www.patent.go.kr) → 출원신청 → 국내출원 → 출원신청 사전절차 → 전자문서 이용신청.

재산권 출원절차를 진행할 수 있으며, 국제출원은 특허청 인증서를 국제(WIPO) 규격으로 변환 후 사용할 수 있다.

넷째, 전자문서 SW 다운로드. 특허로 홈페이지(www.patent.go.kr) → 출원신청 → 국내출원 → 문서작성 SW 설치에서 다운로드하여 설치한다.

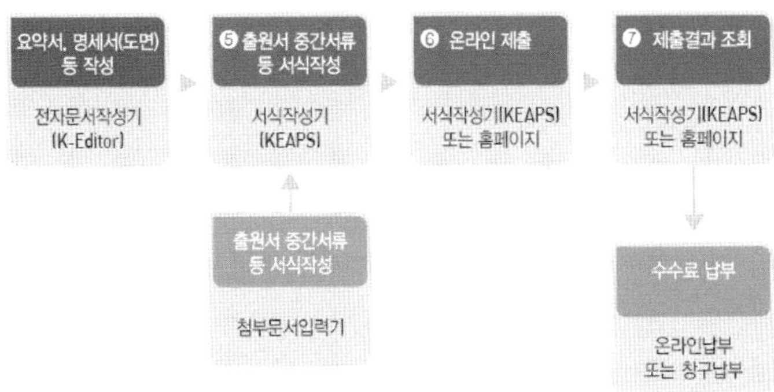

〈그림 17〉 전자 출원 절차

다섯째, 서식과 명세서 작성. 문서작성 SW를 이용하여 출원 관련문서(명세서, 보정서, 의견서 등)와 첨부문서(위임, 증명서 등)를 작성한다.

〈표 14〉 우리나라 출원 현황

(단위: 건, %)

구분	2008	2009	2010(잠정)	'11.3	
특허	170,632	163,523	169,573	37,512	(2.2)
실용신안	17,405	17,144	13,657	2,723	(△18.6)
디자인	56,750	57,903	57,167	13,083	(△7.4)
상표	99,986	103,433	108,261	27,550	(1.9)
계	344,773	342,003	348,658	80,868	(△0.4)

* ( ) 전년 동기 대비 증감률
* 상표갱신 제도변경(2010.7. 출원 → 신청)에 따라 기존 갱신 등록 출원 건 일괄 제외 갱신 등록 출원 건 (2008) 27,924건, (2009) 22,987건, (2010) 30,810건(갱신출원 12,831, 신청 17,979건)

여섯째, 온라인으로 제출. 작성된 전자문서를 특허청에 온라인으로 제출하고, 접수번호(납부자번호), 출원번호, 심판번호 등을 부여받는다.

일곱째, 제출결과 조회. 특허청에 제출한 문서의 처리결과 및 진행상태를 확인하는 단계로 특허로 홈페이지에 제출된 서류의 진행상황과 제출된 서류들을 확인할 수 있다.

나. 서면 출원하기(우편, 방문 출원)

소정의 양식에 의해 출원서 등을 작성한 후 특허청에 직접 또는 우편으로 제출하면 접수증 및 출원번호 통지서를 교부받게 된다. 출원에 필요한 서류는 다음 그림과 같다.

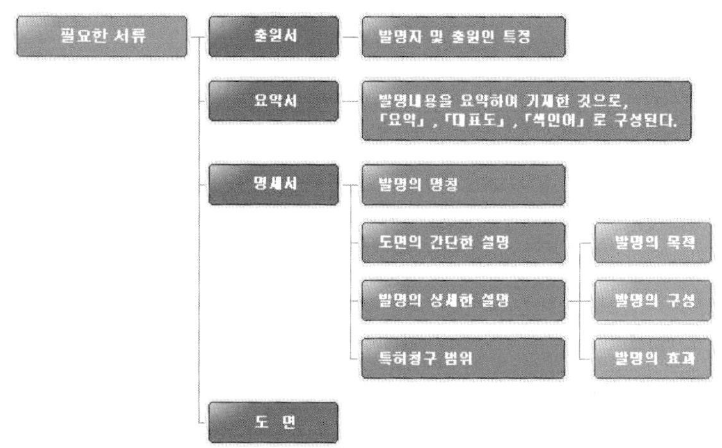

〈그림 18〉 출원에 필요한 서류

다. 출원서 작성 시 유의사항

출원서류를 작성할 때에는 특허출원서, 요약서, 명세서 순으로 작성하되 그 발명이 속하는 기술 분야에서 통상의 지식을 가진 자가 출원인이 제출한 출원서류에 기재된 내용을 보고 용이하게 실시할 수 있을 정도로 그 발명의 목적·구성·효과를 구체적으로 기재하여야 한다.

〈표 15〉 지역별 산업재산권 출원 현황

(단위: 건, %)

지역	2008	2009	2010	2011.2.	
서울	124,811	122,494	120,869	15,953	(△12.2)
부산	10,287	11,274	10,720	1,431	(△7.4)
대구	10,076	10,626	10,165	1,592	(2.1)
인천	13,273	13,679	12,790	1,871	(0.4)
광주	4,206	4,375	4,475	567	(△18.1)
대전	13,378	14,183	14,200	1,743	(△5.7)
울산	2,363	2,590	2,949	295	(1.0)
경기	82,201	82,344	81,530	10,827	(△9.7)
강원	3,542	3,572	3,922	535	(△7.3)
충북	5,485	5,201	5,089	754	(△3.1)
충남	9,159	9,460	8,822	1,136	(△15.5)
전북	4,300	5,060	5,379	706	(△8.9)
전남	3,418	3,843	4,015	499	(△17.3)
경북	8,570	8,992	9,884	1,227	(△4.5)
경남	7,315	7,836	7,937	1,077	(△8.3)
제주	1,096	1,156	1,333	119	(△27.9)
계	303,480	306,685	304,079	40,332	(△9.7)

* 출원 수리건 중 내국인 출원건, (　)는 전년 동기 대비 증감률

발명이 물품(기계, 기구, 장치)에 관한 특허, 실용신안으로 출원되는 경우에는 반드시 도면을 첨부해야 한다. 특허·실용신안에서 권리

로 보호받고자 하는 사항은 명세서 중 '청구범위'이므로 특히 청구범위는 유의하여 작성할 필요가 있다.

상표등록 출원 시 기재하는 지정상품은 출원하는 상표를 사용하고 있거나 사용하고자 하는 상품을 기재하여야 하며, 사용하지 않거나 사용할 의사가 없는 상품을 불필요하게 많이 기재할 경우, 심사 시 타인의 선출원 또는 선등록 상표와 저촉되는 사례가 발생하여 거절될 수 있으며 상표권 등록 후 3년간 등록상표를 사용하지 아니한 상품은 불사용 취소심판의 대상이 될 수 있다.

라. 출원자격 및 심사청구

특허·실용신안에 대한 출원자격은 발명이나 고안을 한 자 또는 그 승계인이어야 하며 특허의 경우 출원일로부터 5년 이내, 실용신안의 경우 3년 이내에 심사청구를 진행하여야 한다.

〈표 16〉 산업재산권 출원자격 및 심사청구기간

구분	출원자격	심사청구기간
특허(실용신안)	발명(고안)을 한 자 또는 그 승계인	특허: 출원일로부터 5년 이내 실용신안: 출원일로부터 3년 이내
디자인	디자인을 창작한 자 또는 승계인	심사청구제도 없이 출원순서에 따라 심사진행
상표	국내에서 상표를 사용하는 자 또는 사용하고자 하는 자	

마. 특허출원서 및 명세서 양식

특허출원서에는 특허출원인의 성명·주소·대리인 표시, 발명의 명칭, 발명자의 성명·주소 등을 기재한다.

<표 17> 특허출원서 및 명세서 양식

특허출원서

(앞쪽)
　【출원구분】 □ 특허출원　　　　□ 분할출원　　　　□ 변경출원
　　　　　　　□ 무권리자의 출원 후에 한 정당한 권리자의 출원
(　【참조번호】)
　【출원인】
　【성명(명칭)】
　【출원인코드】
　【대리인】
　【성명(명칭)】
　【대리인코드】
(　【포괄위임등록번호】)
　【발명의 국문명칭】
　【발명의 영문명칭】
　【발명자】
　【성명】
　【출원인코드】
(　【원출원(무권리자 출원)의 출원번호】)
(　【우선권주장】
　【출원국명】
　【출원번호】
　【출원일자】
　【증명서류】)
(　【기타사항】 □ 심사청구 □ 심사유예신청 □ 조기공개신청 □ 공지예외적용
　　　　　　　□ 미생물기탁 □ 서열목록 □ 기술이전희망 □ 국가연구개발사업
　　　　　　　□ 국방 관련 비밀출원)
(　【유예희망시점】 심사청구일 후 24개월이 지난 때부터 (　)개월)
(　【심사청구료 납부유예】 □ 필요 □ 불필요)
　위와 같이 특허청장에게 제출합니다.
　출원인(대리인)　　　　　　　　　(서명 또는 인)
　【수수료】 (기재요령 제10호 참조)
　【출원료】　　　　　　면　　　　　　　원
(　【수수료 자동납부번호】)
　【첨부서류】　1. 명세서·요약서 및 도면 각 1통
　　　　　　　2. 정당한 권리자임을 증명하는 서류 1통(정당한 권리자의 출원만 해당함)
　　　　　　　3. 대리인에 의하여 절차를 밟는 경우에는 그 대리권을 증명하는 서류 1통
　　　　　　　4. 그 밖의 법령에 따른 증명서류 1통

명세서

【발명(고안)의 명칭】
【기술분야】
【배경기술】
（【선행기술문헌】）
（【특허문헌】）
（【비특허문헌】）
【발명(고안)의 내용】
【해결하려는 과제】
【과제의 해결수단】
【발명(고안)의 효과】
【도면의 간단한 설명】
【도 1】
【발명(고안)을 실시하기 위한 구체적인 내용】
（【실시 예】）
（【산업상 이용가능성】）
（【부호의 설명】）
（【수탁번호】）
（【서열목록 자유텍스트】）

【특허(실용신안) 심사절차】

1. 방식심사
* 출원인적격, 필수기재사항, 수수료납부 등 법령에서 정한 형식적 요건에 적합한지를 심사하며, 미비사항이 있는 경우에는 반려

2. 출원과는 별도로 심사를 청구해야 심사가 진행
* 출원 후 5년 이내에 심사청구가 없으면「특허법」제59조에 따라 취하한 것으로 간주

3. 심사착수는 심사청구 접수순서대로 하며, 기술 분야에 따라 처리기간의 차이가 있음
* 지금 출원된 건은 평균 약 18개월 후에 심사를 실시하게 되며(2010년 6월 말 기준), 이는 미국(26개월), 일본(29개월)에 비해 빠른 편임
* 심사착수 기간이 오래 걸리는 이유는 우리나라의 특허출원 건수가 연간 16만 4천여 건으로 매년 누적된 출원이 쌓여 있기 때문이며, 고객님 출원의 실제 심사진행 상황은 '특허청 홈페이지 특허로'를 통해서 확인할 수 있다.

4. 심사과정에서 심사관이 보내는 '의견제출통지서'를 받게 되면, 의견서 또는 보정서를 제출해야 심사가 계속 진행
* 통계에 따르면 심사 건의 90% 정도가 통지서를 받는 것으로 나타나고 있다.

5. 의견서 등을 통해 거절이유가 해소되면 특허결정서를, 해소되지 않으면 거절결정

※ 참고
1) 우선 심사제도를 이용하면 심사기간을 3~4개월 이내로 단축시킬 수 있다
2) 출원내용은「특허법」제64조에 따라 출원 18개월 후에 특허청 홈페이지를 통해서 공개
3) 거절결정서를 받은 경우에는 특허청에 '재심사청구'를 하거나 특허심판원에 '거절결정불복심판'을 제기할 수 있다
4) 기타 자세한 내용은 특허청 홈페이지(kipo.go.kr)를 참고하고, 문의사항은 고객상담센터(1544-8080)로 연락하면 된다

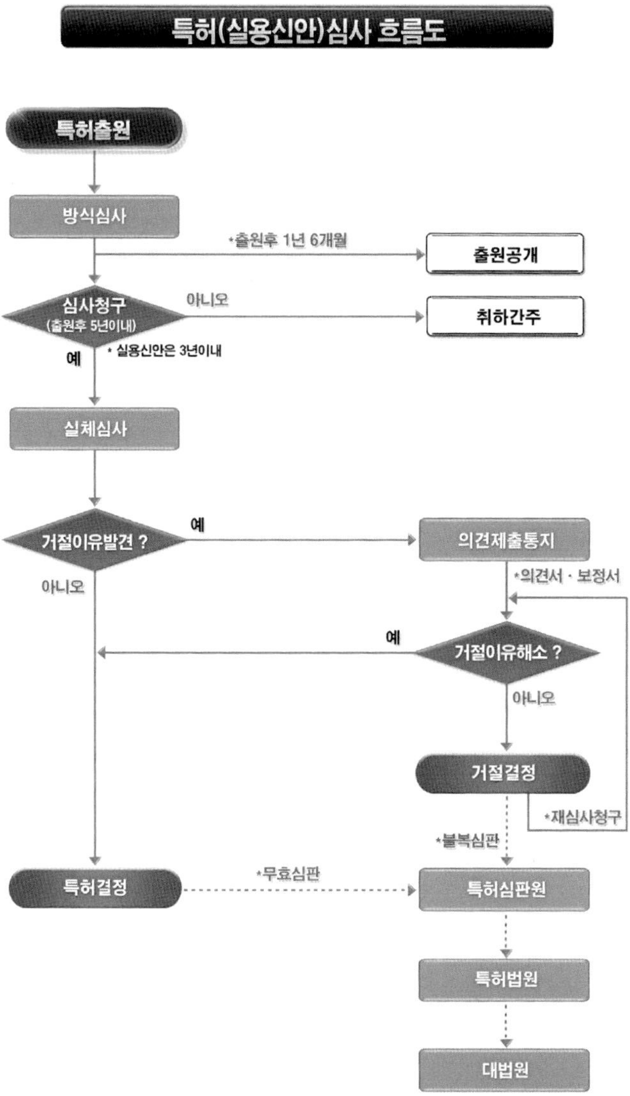

특허(실용신안)심사 흐름도

특허출원

방식심사

*출원후 1년 6개월
출원공개

심사청구
(출원후 5년이내)
아니오
취하간주

예
* 실용신안은 3년이내

실체심사

거절이유발견 ?
예
의견제출통지

*의견서 · 보정서

거절이유해소 ?
예

아니오

거절결정

*재심사청구

아니오

*불복심판

특허결정
*무효심판
특허심판원

특허법원

대법원

─────────── 【상표 심사절차】 ───────────

1. 방식심사
* 출원인적격, 필수기재사항, 수수료납부 등 법령에서 정한 형식적 요건에 적합한지를 심
  사하며, 미비사항이 있는 경우에는 반려

2. 심사는 출원순서대로 하며, 지정상품이 속한 분류에 따라 처리기간의 차이가 있을 수
  있다.
* 지금 출원된 건은 평균 약 10개월 후에 심사를 실시(2010년 6월 말 기준)
* 심사착수 기간이 오래 걸리는 이유는 우리나라의 상표출원 건수가 연간 12만 6천여 건
  으로 매년 누적된 출원이 쌓여 있기 때문이며, 출원의 실제 심사진행 상황은 '특허청 홈
  페이지 특허로'를 통해서 확인할 수 있다.

3. 심사과정에서 심사관이 보내는 '의견제출통지서'를 받게 되면, 의견서 또는 보정서를 제
  출해야 심사가 계속 진행
* 통계에 따르면 심사 건의 55% 정도가 통지서를 받는 것으로 나타나고 있다.

4. 출원상표에 거절이유가 없거나, 의견서 등을 통해서 거절이유가 해소되면 '출원공고'를
  하게 된다.
* 출원공고제도는 「상표법」 제24조에 따라 출원상표를 최종등록 결정하기 전에 일반인에
  게 공개(2개월간)하여 이의신청 기회를 주는 제도(공중심사)

5. 출원공고에 대하여 이의신청이 있으면 다시 심사가 진행되고, 이의신청이 없으면 상표
  등록 결정서를 받게 된다.

※ 참고
1) 우선 심사제도를 이용하면 심사기간을 2~3개월 이내로 단축시킬 수 있다.
2) 거절결정서를 받은 경우에는 특허심판원에 '거절결정불복심판'을 제기하면 다시 한 번
   판단을 받을 수 있다.
3) 기타 자세한 내용은 특허청 홈페이지(kipo.go.kr)를 참고하시고, 문의사항은 고객상담센
   터(1544-8080)로 연락하면 된다.

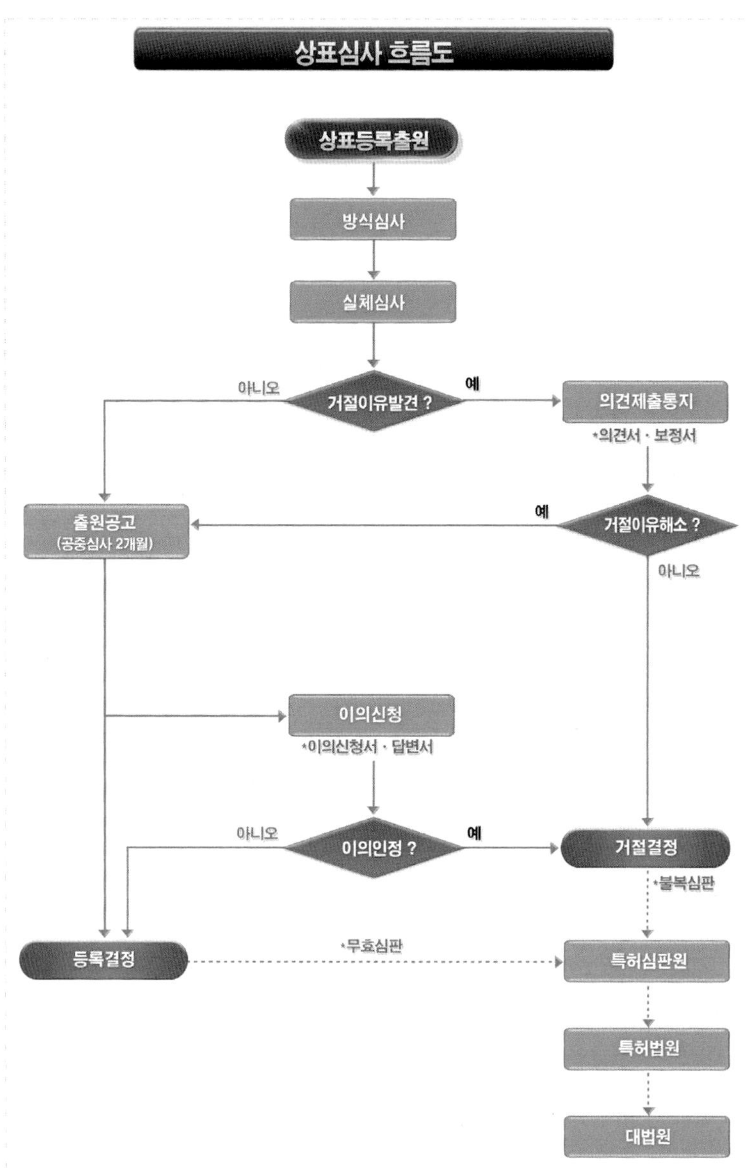

 내 아이디어를 특허로 만들자

【디자인 심사절차】

1. 방식심사
* 출원인적격, 필수기재사항, 수수료납부 등 법령에서 정한 형식적 요건에 적합한지를 심사하며, 미비사항이 있는 경우에는 반려

2. 심사착수는 출원순서대로 하며, 디자인의 대상이 되는 물품에 따라 처리기간의 차이가 있다.
* 지금 출원된 건은 평균 약 10개월 후에 심사를 실시하게 되며, 무심사 대상이면 2개월 이내에 등록될 수 있다(2010년 6월 말 기준).
* 무심사 대상도 최소한의 창작성 검토는 거치며, 제3자가 이의신청을 하면 정식심사를 받게 된다.
* 심사착수 기간이 오래 걸리는 이유는 우리나라의 디자인 출원건수가 연간 5만 8천여 건으로 매년 누적된 출원이 쌓여 있기 때문이며, 출원의 실제 심사진행 상황은 '특허청 홈페이지 특허로'를 통해서 확인할 수 있다.

3. 심사과정에서 심사관이 보내는 '의견제출통지서'를 받게 되면, 의견서 또는 보정서를 제출하셔야 심사가 계속 진행된다.
* 통계에 따르면 심사 건의 55% 정도가 통지서를 받는 것으로 나타나고 있다.

4. 의견서 등을 통해 거절이유가 해소되면 디자인등록결정서를, 해소되지 않으면 거절결정서를 받게 된다.

※ 참고
1) 우선 심사제도를 이용하면 심사기간을 2~3개월 이내로 단축시킬 수 있다.
2) 거절결정서를 받은 경우에는 특허심판원에 '거절결정불복심판'을 제기하면 다시 한 번 판단을 받을 수 있다.
3) 기타 자세한 내용은 특허청 홈페이지(kipo.go.kr)를 참고하고, 문의사항은 고객상담센터(1544-8080)로 연락하면 된다.

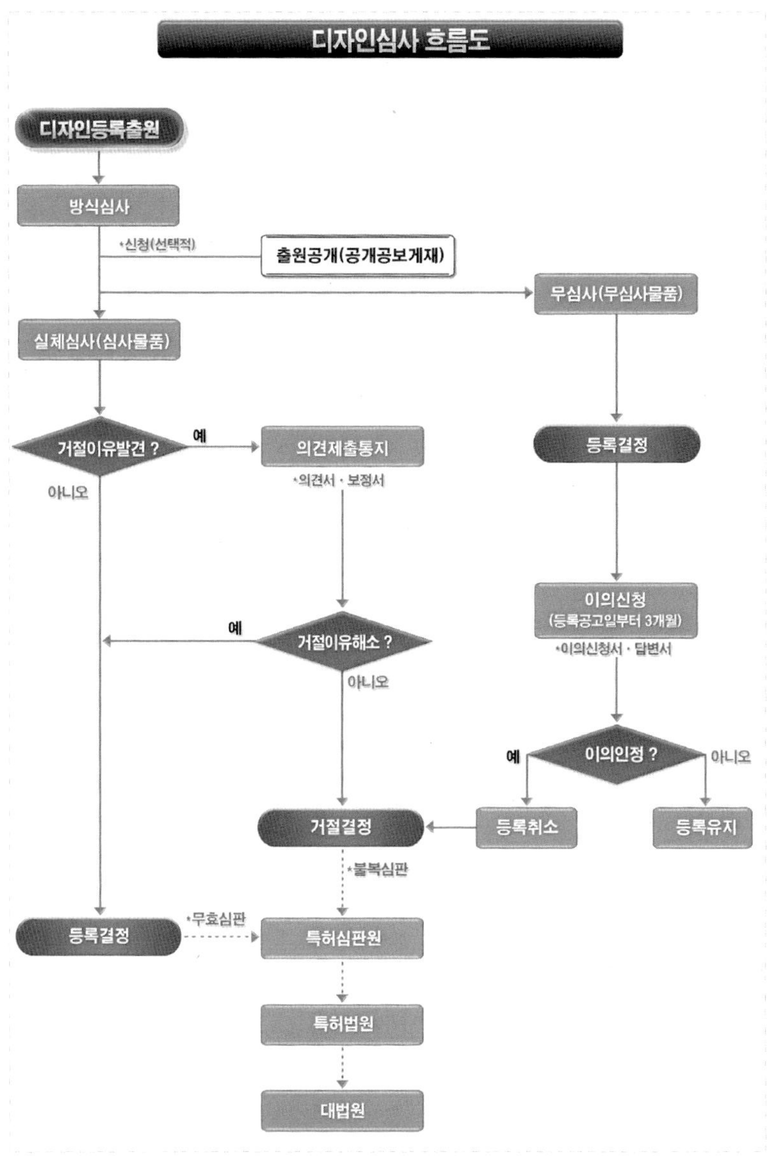
디자인심사 흐름도
디자인등록출원
방식심사
·신청(선택적)
출원공개(공개공보게재)
무심사(무심사물품)
실체심사(심사물품)
거절이유발견 ?
예
아니오
의견제출통지
·의견서 · 보정서
등록결정
예
거절이유해소 ?
아니오
이의신청
(등록공고일부터 3개월)
·이의신청서 · 답변서
예
이의인정 ?
아니오
거절결정
·불복심판
등록취소
등록유지
등록결정
·무효심판
특허심판원
특허법원
대법원

(1) 명세서 및 도면의 의의 및 기능

명세서는 특허를 받고자 하는 발명과 권리범위를 기재한 서면으로 기술문헌(상세한 설명, 도면)과 권리서(청구범위)로서의 기능을 한다. 그리고 심사 및 심판의 대상물이 된다. 특허권은 발명의 실시를 독점하는 권리이지만, 그 기술적인 범위는 출원명세서의 특허청구의 범위에 기초하여 정해진다. 특허 청구범위는 발명의 상세한 설명이나 도면 등의 기재에 의해 뒷받침되어야 한다. 명세서는 또한 제3자에게 기술을 개시하는 것에 대한 보상으로, 제3자가 그 발명을 재현할 수 있을 정도로 명확하고 충분히 기재된 명세서는 제3자에 있어 기술문헌의 역할을 할 수 있게 된다.

발명의 실시형태 혹은 실시예의 구조나 동작은 구체적인 도면을 통하여 표현한다. 도면은 필요한 경우 명세서 기재내용의 이해를 돕기 위하여 첨부하며, 발명의 성질상 도면이 필요하지 않은 경우(방법발명, 화학발명)에는 제출하지 않아도 무방하다. 실용신안 출원의 경우 그 대상이 유형물에 대한 것이므로 도면이 반드시 첨부되어야 한다.

특허출원 시 출원인은 출원인, 출원일자 등을 기재한 출원서에 명세서, 도면 및 요약서를 첨부하여야 하며 명세서는 발명의 명칭, 발명의 상세한 설명, 특허 청구범위 및 도면의 간단한 설명을 기재하여야 하고 요약서는 기술정보로서의 용도로 사용되며, 특허발명의 보호범위를 정하는 데에는 사용할 수 없다. 도면은 상세한 설명의 기술내용을 입체적으로 도시한 것으로 실용신안등록출원에서는 필수적 요소이다.

명세서는 발명의 명칭, 발명의 상세한 설명, 도면의 간단한 설명, 특허 청구범위로 구성되어 있다. 발명의 명칭은 발명의 표제로서 발명의 분류, 정리, 조사 등을 용이하게 하기 위하여 기재하는 것이므로 발명의 내용에 따라 간단 명료하게 기재하여야 한다.

<표 18> 명세서 작성 순서 및 방법

초안단계	I단계	**발명 내용의 파악** 발명에 대하여 목적, 구성, 효과, 실시방법, 도면 별로 정리
	II단계	**관련 공지기술 조사** 특허 및 실용신안공보, 외국특허명세서, 학회지 등의 기술문헌을 조사
	III단계	**발명과 공지기술 대비** 발명과 공지기술을 대비하여 양자의 유사점과 상이점을 확인
	IV단계	**특허성 분석** 진보성의 존재가 확인된다면 보호받고자 하는 권리의 범위를 조립
명세서단계	V단계	**청구범위 작성** 권리문서의 역할을 하므로 특히 독립항과 종속항의 관계에 유의하여 작성
	VI단계	**발명의 명칭 작성** 청구범위의 종결부를 일반적으로 채택함.
	VII단계	**도면과 도면의 간단한 설명 작성** 초안 데이터와 청구범위를 토대로 최적의 작성 도면을 작성함
	VIII단계	**상세한 설명 작성** 기술문헌으로서의 기능을 다하도록 각각의 사항을 구체적으로 기재

* 자료: 박차철(2008), 산업재산권 출원 및 등록, 특허청

발명의 상세한 설명이란 발명의 내용을 제3자에게 공개하는 기술문헌으로서의 역할을 하는 부분이므로 해당 발명이 잘 설명될 수 있도록 기재되어야 한다. 도면의 간단한 설명은 출원서에 도면을 첨부하는 경우에만 기재하고, 화학발명 또는 방법발명과 같이 도면 없이도 발명을 표현할 수 있는 경우에는 기재하지 않는다.

특허 청구범위는 발명자의 독점범위를 결정하는 권리서로서 발명을 공개하는 대가로 발명자가 독점하는 권리범위의 경계를 명확하게 알려주는 역할을 한다.

명세서의 기재는 심사의 대상이 되고, 명세서의 상세한 설명 및 청구범위가 일정요건을 갖추고 있지 않을 때는 그 특허출원 거절이유

는 물론 특허등록 후에는 특허무효의 이유가 되기 때문에 그 발명이 속하는 기술 분야에서 통상의 지식을 가진 자가 명세서만 보고도 용이하게 실시할 수 있을 정도로 발명의 내용을 명확하고 상세하게 기재하여야 한다. 명세서상의 기재내용 중 종래의 공지기술과 본 발명의 신규한 기술이 명확하게 구분되도록 기재하여야 한다.

〈표 19〉 명세서의 기능

구분	권리	의무
출원인	실시의 독점	내용의 개시
제3자	발명의 이용	권리의 존중

(2) 좋은 명세서의 3대요건 및 원칙

특허출원 명세서는 출원인의 입장에서 청구범위가 넓고 강력해야 한다. 둘째, 청구된 발명을 용이하게 실시할 수 있어야 한다. 마지막으로 특허요건을 갖추고 있어야 된다. 출원명세서 작성에 필요한 일반적인 원칙으로는 다음과 같다.

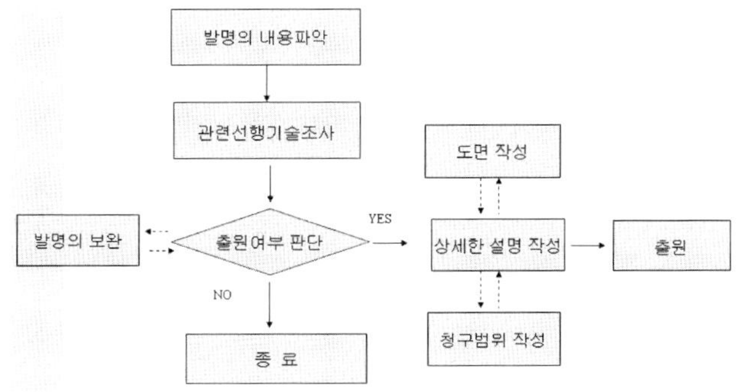

〈그림 19〉 출원명세서 작성순서

① 서식 뒷면의 작성요령에 따라 작성할 것

② 맞춤법에 따라 작성할 것

③ 주어와 술어의 관계를 명확히 하고, 내용을 명확하게 기재할 것

④ 문장은 가급적 단문으로 간결하게 기재할 것

⑤ 문체는 현재 시재, 쉬운 평어체(경어체×), 구어체(문어체×)로 기재할 것

⑥ 국어로 기재할 것, 필요시 ( ) 내에 외국어 병기할 것

⑦ 용어는 일관되고 공인된 용어를 사용할 것

(3) 청구범위 작성방법

「특허법」 제2조 제3호에서는 발명을 물건의 발명, 방법의 발명, 물건을 생산하는 방법의 발명으로 구분하고 있고, 특허청구 범위의 기재방법에 관하여 정하고 있는 「특허법」 제42조 제6항(2007.1.3 신설)에서는 "특허청구 범위를 기재할 때에는 보호받고자 하는 사항을 명확히 할 수 있도록 발명을 특정하는 데 필요하다고 인정되는 구조·방법·기능·물질 또는 이들의 결합관계 등을 기재하여야 한다"라고 규정하여, 발명의 카테고리를 크게 '물건의 발명', '방법의 발명' 및 '물건을 생산하는 방법의 발명'으로 구분하되, 청구범위 기재방법에 있어서는 발명을 특정하기 위하여 출원인이 필요하다고 인정한 사항이라면 특정형식에 구애받지 않고 여러 가지 표현형식으로 기재할 수 있도록 허용함으로써 기술의 다양화에 따른 발명의 적절한 보호수단을 제공하고 있다.

청구항은 방법, 장치, 물건으로 기재된 청구항과 1군의 발명으로 하여 1출원으로 하는 것도 허용된다. 심사관은 이와 같은 형식으로

청구한 물건의 구성이 용이하게 기재될 수 있음에도 물건의 구성을 기재하지 않아 발명이 불명확하다고 인정되는 경우「특허법」제42조 제4항 제2호 위반으로 거절이유를 통지한다. 구체적인 청구범위 작성은 다음과 같다.

① 발명의 상세한 설명의 기재범위를 초과하지 말 것. 청구항 발명이 상세한 설명에 직접적 기재나 암시가 없는 경우

② 결합관계 및 작동관계를 명확하게 기재할 것. 장치나 물품발명은 복수의 구성요소 간 결합 및 작동관계에 의해 성립되어야 한다. 단순히 구성요소를 열거하여서는 안 되고, 그 결합관계나 및 작동관계를 기재하여야 한다.

③ 발명의 구성을 불분명하게 하는 용어를 사용하지 말 것. 바람직하게는 약, 정도, 소망에 따라 거의 등의 용어나 지시대상이 없거나 지시대상이 불분명한 표현은 사용하지 않는 것이 좋다.

④ 기능적 표현 사용 시 각별히 유의하여야 한다. 청구범위는 수단이나 공정 등 기능적 표현을 기재할 수 있다. 이 경우에도 청구항에 기재된 발명을 제3자가 명확히 이해하고 그 기능을 수행할 수 있는 발명들을 쉽게 실시할 수 있어야 된다.

⑤ 물건발명을 제조방법으로 특정 시 유의하여야 한다. 방법적 기재를 사용하는 것이 보다 물건의 구성을 명확하게 나타낼 수 있는 경우 등을 제외하고 물건발명은 방법적 기재를 자제한다.

⑥ 발명의 주제(대상) 및 카테고리를 명확하게 기재할 것. 일반적으로 카테고리는 청구항 말미 발명의 주제로서 구분하며, 청구항 말미가 물품, 물질, 장치, 설비명인 경우에는 물건발명으로, 청

구항의 말미가 ~방법인 경우에는 방법발명으로 취급된다.

⑦ 독립항·종속항을 적절히 선택하여 기재할 것. 독립항은 특허요건(진보성 등)을 충족하는 범위 내에서 권리범위가 가장 넓도록 기재한다. 필수적이지 아니한 구성이나 한정 및 결합관계 등은 과감히 제거한다. 종속항은 독립항을 인용하면서 독립항의 구성을 부가하거나 한정하는 형식으로 기재한다.

⑧ Combination/Jepson Type 청구항 작성 시 원천발명이나 조합발명은 구성요소 열거형(Combination)으로 기재하며, 개량발명은 전제부(종래기술)와 특징부(개량부)로 구분하여 기재한다.

⑨ 종래기술과 동일한 기술을 청구하지 말아야 한다. 종래기술과 동일 또는 실질적으로 동일기술은 청구항에서 제외된다.

⑩ 권리범위는 축소하면서 진보성 판단에 영향을 미치지 않는 기재는 삭제한다.

청구범위는 IPC 분류 및 선행기술 조사범위를 정하는 기초가 되며, 특허요건 판단의 대상(신규성, 진보성 판단)이 된다. 더불어 권리범위가 미치는 범위를 정하는 기준이 된다.

(4) 청구범위 해석기준

청구범위는 신규성, 진보성 등의 판단·해석과 권리범위 확인심판 등의 해석에 기준을 제공해준다. 즉, 신규성, 진보성 판단 시 해석의 기본원칙이 된다. 청구범위에 기재된 문언을 기준으로 해석하며, 청구범위가 다소 불분명하더라도 청구범위에 포함될 수 있는 모든 사항이 포함되도록 가능한 한 넓게 해석한다. 이때 청구범위가 불분명한 경우 명세서 기재불비로 심사관은 거절이유를 통지하게 된다. 더불어 권리범위 확인심판 및 침해 판단 시 해석의 기준이 된다.

특허 청구범위 해석기준으로는 특허 청구범위 기준의 원칙, 발명의 상세한 설명 참작의 원칙, 구성요소 완비의 원칙(All Element Rule), 출원경과 금반언의 원칙(File Wrapper Estoppel), 공지기술 참작 및 제외의 원칙, 내부증거 우선의 원칙 등이 있다.

특허 청구범위 기준의 원칙이란 발명의 보호범위는 청구범위에 기재된 사항을 중심으로 결정해야 한다는 것으로 청구범위의 기재와 상세한 설명의 기재가 모순일 경우 청구범위가 우선한다는 것이다.

만약 상세한 설명에만 기재되어 있고 청구범위에 기재되지 않은 사항은 특허발명의 기술적 범위에 속하지 않는다. 발명의 상세한 설명 참작의 원칙이란 특허 청구범위의 해석을 위하여 보충적으로 상세한 설명 또는 도면을 참작하여야 한다는 것으로 청구범위에 기재되어 있더라도 상세한 설명에 의해 뒷받침되지 않으면 보호되지 않는다는 것이며, 구성요소 완비의 원칙(All Element Rule)이란 복수의 구성요소를 가지는 특허침해를 판단함에 있어 청구범위에 기재된 구성요소 전부를 실시하는 경우만을 침해로 인정한다는 원칙이다.

출원경과 금반언의 원칙(File Wrapper Estoppel)이란 특허소송에 있어 출원인이 심사과정에서 수행한 행위와 모순되는 주장을 하는 것을 금지하는 원칙으로 출원인이 거절을 피하기 위하여 한 보정행위에 구속력을 부여하여, 감축한 부분에 대하여는 권리주장을 못하도록 하는 것이며, 공지기술 참작 및 제외의 원칙이란 공지기술 참작의 원칙은 권리범위를 정함에 있어서 출원 당시의 기술 수준을 고려하고 그 작용, 효과를 살펴야 한다는 것이다.

내부증거 우선의 원칙이란 특허 청구범위의 해석은 내부증거(상세한 설명, 청구범위, 도면, 출원경과 기록)에 의하여야 하고, 이러한 내부증거는 해석의 보충자료인 외부증거(전문가 증언, 사전, 논문 등)에 우선한다는 것이다.

바. 심사절차

(1) 방식심사

방식심사는 출원서나 명세서 등의 출원서류가 특허법에서 정하고 있는 절차적, 형식적 요건을 구비하고 있는지 여부를 심사하는 것을 말한다. 특허출원된 전부에 대하여 심사하는 것으로, 특허 허여 여부를 심사하는 실체심사와 구별된다. 전자출원의 경우 자동적으로 체크가 되기 때문에 수수료 미납 등 일부 예외를 제외하고는 출원 전에 문제가 있는지 확인할 수 있다.

(2) 출원공개

출원일로부터 1년 6개월 후 공개특허 공보에 원칙적으로 모든 특허출원은 별도의 신청이 없어도 공개된다. 여기서 조기 공개제도를 이용할 수도 있다. 조기 공개제도는 특허출원일로부터 1년 6개월이 경과하기 전이라도 출원인의 신청이 있으면 그 특허출원에 대하여 특허공보에 게재하고 그 출원을 공개하는 제도로 출원인의 신청에 의해 이루어진다.

출원일로부터 일반적인 공개시점인 1년 6개월 사이에 제3자가 출원발명에 대한 기술을 모방할 경우 조기공개를 실시함으로써 모방

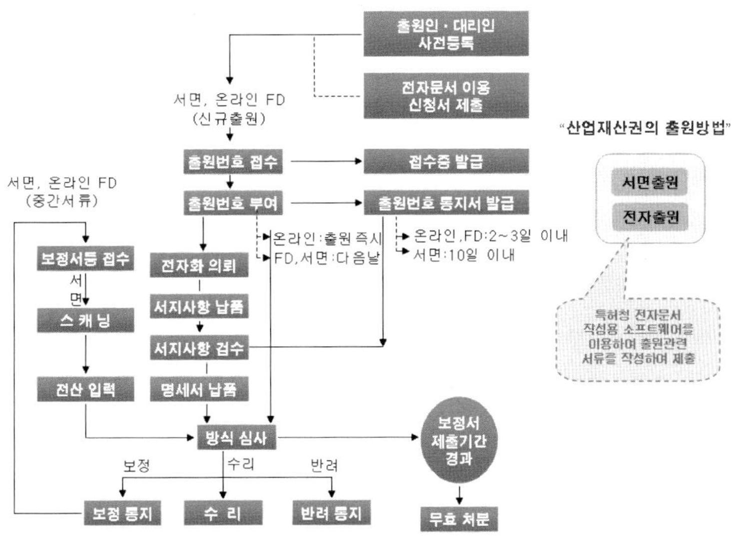

* 자료: 박차철(2008), 산업재산권 출원 및 등록, 특허청

〈그림 20〉 특허출원 후 방식심사 과정

실시자에게 경고장을 발송할 수 있고, 특허등록 후 이러한 실시자에 대해 보상금을 청구할 수도 있다. 출원 공개 후부터 특허권의 설정등록까지의 기간 동안 출원 공개된 발명을 업으로 실시한 자에 대하여 미리 서면으로 경고함으로써, 특허권 설정등록 후 실시료 상당액의 지급을 청구할 수 있는 보상금 청구권이라는 권리가 출원인에게 부여된다.

(3) 심사청구

심사는 출원일로부터 5년 이내에 출원 심사청구서를 제출하고, 심사청구료를 납부함으로써 개시된다. 심사청구기간 중에 심사청구를 하지 않는 경우에는 출원은 취하한 것으로 간주된다. 우선 심사를 청구하여 빠른 판단을 받을 수도 있다.

우선 심사제도란 출원인의 특허출원이 출원공개 후 특허출원인이 아닌 자가 업으로서 특허출원된 발명을 실시하고 있다고 인정되거나, 긴급한 처리가 필요하다고 인정되는 것으로서 대통령령으로 정하는 경우(「특허법」 시행령 제9조)에 해당되는 경우에는 우선하여 심사해 줄 것을 청구할 수 있다. 이 경우 '자기실시 또는 자기실시 준비 중인 출원(즉, 사업 중이거나 준비 중인 출원)'에 대해서는 해당하는 증빙자료를 별도로 제출하여야 한다.

(4) 실체심사

심사 청구된 출원은 심사관에 의해 특허 허여 여부에 관한 실질적인 심사가 진행된다. 실체 심사단계에서 심사관이 심사한 결과, 거절이유에 해당한다는 심증을 얻는 경우에는 바로 거절 결정하지 않고, 그 취지를 출원인에게 통지하는 절차이다. 거절이유의 통지는 '의견제출통지서'라는 양식으로 출원인(또는 대리인)에게 발송된다.

통지된 거절이유의 대부분은 선행기술이 기재되어 있는 문헌이 인용참증으로 제시된 후 발명으로서 신규하지 않다든지(신규성 결여), 용이하게 발명할 수 있다든지(진보성 결여), 또는 명세서의 표현이 명료하지 않다든지(기재불비) 하는 이유이다.

의견제출 통지서를 받은 경우 의견서나 보정서를 제출하기 전에, 직접 심사관과의 면담을 통해 거절이유에 대한 의견을 청취하고 자기가 출원한 발명에 대한 기술적인 설명이나 인용된 문헌과 기술적 대비에 대하여 의견을 말하고 심사관에게 직접 이해를 구해 의견서나 보정서에 반영시킬 수 있다.

(5) 최종처분

실체심사는 심사관의 결정에 의해 종료한다. 심사관에 의한 최종처분은 특허를 허여하는 특허결정과 특허권이 부여되지 않는 거절결정으로 2가지 종류가 있다. 특허결정은 심사관이 심사한 결과, 거절이유를 발견할 수 없었던 경우 또는 거절이유를 발견하였지만 의견제출 통지에 대한 출원인의 의견서 또는 보정서에 의하여 거절이유가 해소된 경우 심사관은 그 특허출원에 대하여 특허를 허여한다는 취지의 결정을 한다.

특허등록료는 등록 결정일로부터 3개월 이내에 1~3년차를 납부하고 그 등록일로부터 3년이 지나가기 전에 4년차 수수료를 납부하여야 하며, 매년 등록일 이전에 5년차, 6년차⋯⋯를 납부하여야 한다. 이 경우 매년 납부하는 것이 번거로운 경우 몇 년차를 묶어서 납부할 수도 있다.

거절결정은 심사관이 통지한 거절이유에 대하여 출원인이 의견서 또는 보정서를 제출하였지만 거절이유를 극복하지 못한 것으로 판단되는 경우 심사관은 그 특허출원에 대하여 거절결정을 한다. 출원인은 거절결정에 대하여 순차적으로, 거절결정불복심판, 심결취소의 소 등을 제기할 수 있다. 또한 거절결정불복심판을 청구하는 경우 보정을 통하여 다시 심사관의 심사를 받을 수 있는 경우도 있다(심사전치).

사. 특허·상표의 국제출원

(1) PCT[22] 국제출원

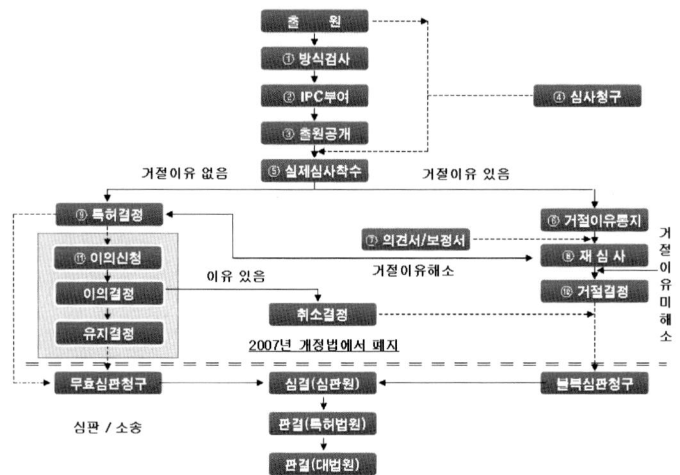

* 자료: 박차철(2008), 산업재산권 출원 및 등록, 특허청

〈그림 21〉 특허심사절차 흐름도

특허독립(속지주의)의 원칙상 각국의 특허는 서로 독립적으로 반드시 특허권 등을 획득하고자 하는 나라에 출원을 하여 그 나라의 특허권 등을 취득하여야만 해당국에서 독점 배타적 권리를 확보할 수 있게 된다.

따라서 한국에서 특허권 등의 권리를 취득하였더라도 다른 나라에서 권리를 취득하지 못하면 그 나라에서는 독점 배타적인 권리를 행사할 수 없다. 이러한 1국 1특허의 원칙 때문에 해외출원이 필요하며, 해외출원을 하는 방법에는 전통적인 출원방법과 PCT 국제출원 방법

---

22) 특허협력조약: Patent Cooperation Treaty.

으로 대별할 수 있다.

<표 20> PCT 국제출원

구분	PCT 국제출원	해외 직접출원(파리루트)
출원일 인정	1회 PCT 국제출원으로 다수 가입국에 직접 출원한 효과 → 간편	개별 국가마다 직접 해외출원
특허 가능성 제고	지정국가 진입 전에 국제조사 및 예비심사 절차를 통해 특허성 유무를 사전에 판단 → 유리	개별국가의 법률이 정한 특허요건에 따라 특허성 유무를 판단
출원서류 작성	하나의 언어(우리나라: 국어, 영어, 일어 중 택일)로 출원서류를 제출 → 용이	개별국가가 허용한 언어로만 출원서류 작성
무모한 해외출원 방지	지정국에 진입(우선일부터 30개월 내) 하기 전에 특허획득 가능성을 검토하고, 지정국의 시장성을 조사하여 국내 절차 진입 여부를 결정 → 불필요한 비용지출/무모한 해외출원방지	개별국가로 해외출원 전에 출원인이 직접 선행기술조사 및 특허획득 가능성을 판단해야 함
수수료 감면	PCT 국제출원을 통한 국내단계 진입 시 자국의 특허수수료를 일부 감면 → 일부 비용절감	수수료 감면은 자국 법률의 기준에 해당(중소기업, 장애인 등)하여야 하므로 외국인은 대부분 적용되지 않음

　　전통적인 출원방법으로 특허획득을 원하는 모든 나라에 각각 개별적으로 특허출원하는 방법으로 파리루트를 통한 출원이라고도 한다. 다만 선(先) 출원에 대한 우선권을 주장하여 출원하는 경우 선출원의 출원일로부터 12개월 이내에 해당 국가에 출원하여야 우선권을 인정받을 수 있게 된다.

　　PCT에 의한 국제출원은 국적국 또는 거주국의 특허청(수리관청)에 PCT 국제출원서를 제출하고, 그로부터 정해진 기간 이내에 특허획득을 원하는 국가(지정(선택))로의 국내단계에 진입할 수 있는 제도로 PCT 국제출원의 출원일이 지정국가에서 출원일로 인정받을 수 있다.

　　다만 선(先) 출원에 대한 우선권을 주장하여 출원하는 경우 선출원의 출원일로부터 12개월 이내에 PCT 국제출원을 하여야 우선권을 인정받을 수 있다. 특허, 실용신안에 한정된 발명만이 PCT를 통하여 특허, 실용신안권 등으로 보호 가능하며, 디자인 및 상표는 각각 별도의 협약에 따라 처리된다.

출원인이 한국어, 영어 또는 일어로 작성한 국제출원 서류 3부를 작성하여 수리관청에 제출하면 수리관청은 서류작성의 적정 여부 등에 대한 방식심사를 하게 되고, 방식심사 결과 이상이 없으면 국제출원일을 인정하고, 하자가 있으면 보정 또는 보완할 것을 출원인에게 통지하게 된다.

PCT 국제출원을 할 수 있는 자로는 대한민국 국민(자연인·법인), 국내에 주소 또는 영업소를 가진 외국인(자연인·법인), 그리고 이들을 대표자로 하여 이들과 공동 출원하는 외국인, 1인 이상의 대한민국 국민이나 국내에 주소 또는 영업소를 가진 외국인과 공동으로 국제출원 하는 자이다.

따라서 해외 특허출원을 하고자 하는 자는 특허성의 판단기준이 국가별로 다르므로, 자신의 기술이 어느 국가에서 특허를 받을 수 있는지를 판단해서 출원국가를 결정하여야 하고 상품의 라이프 타임과 특허를 받기까지의 시간 및 비용을 고려해야 하여 최선의 국제출원 방식을 선택하여야 한다. PCT 국제출원 절차는 다음과 같다.

① 국제출원 서류 제출: 국제출원 절차는 출원인이 소정의 언어로 작성한 국제출원 서류를 작성하여 수리관청에 제출함으로써 시작된다.

② 국제출원의 방식심사: 국제출원 서류가 제출되면 수리관청은 이를 점검(방식심사)하여 이상이 없으면, 국제출원일을 인정하고 국제출원 번호를 부여하여 출원인에게 통지한다.

③ 국제기관에 국제출원 서류의 송달: 출원서류 3부 중 1부는 수리

관청 보관용(home copy)으로 수리관청에 보관하고, 1부는 국제사무국에 기록용 원본(record copy)으로, 나머지 1부는 국제조사기관에 조사용 사본(search copy)으로 송달하여야 한다.

④ 국제조사: 각 지정국에 대한 본격적인 출원절차를 개시하기 전에 출원인에게 자신의 출원과 관련된 선행기술 및 특허성 여부를 미리 알려줌으로써, 자신의 출원을 보다 객관적으로 재검토할 수 있는 기회를 제공하며, 각 지정국 심사관에게는 그만큼의 심사부담을 경감시켜주는 역할을 하게 된다.

⑤ 국제공개: 국제사무국은 수리관청이 송부한 국제출원 서류(출원서, 명세서, 청구범위, 도면(필요한 경우), 요약서)와 국제조사기관이 보내온 국제조사보고서를 합하여 국제공개 팸플릿을 발간함으로써 국제공개를 행하고, 이를 출원인 및 각 지정관청에 송부한다.

⑥ 국제예비심사: 국제예비심사는 출원인의 임의 선택적 절차로서, 동 절차를 적용받고자 하는 출원인은 관할 국제예비심사기관에 국제예비심사청구를 하여야 한다.

⑦ 국내단계의 절차: 출원인은 국제조사보고서 또는 국제예비심사보고서 등을 토대로 각 지정국 또는 선택국에서 국내단계를 개시할 것인지의 여부를 결정한다.

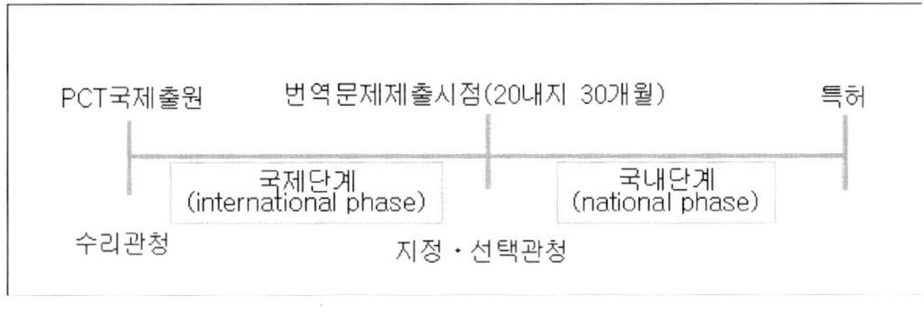

〈그림 22〉 PCT 국제출원 절차

(2) 마드리드 국제상표 출원

우리나라에서 상표를 보호받으려면 우리나라 상표법에서 규정하는 절차에 따라 상표등록을 받아야 하는 것처럼, 해당 국가에서 상표를 보호받으려면 각 국가의 법과 절차에 따라 상표를 등록받아야 한다.

외국에 상표를 출원하는 방법을 크게 구분하면 2가지가 있으며, 하나는 전통적인 방법으로 파리협약에 근거하여 각 국가에 직접 출원하는 방법이고, 다른 하나는 마드리드협정과 마드리드의정서를 포함하는 마드리드시스템을 이용하여 하나의 출원서에 여러 국가를 지정하여 동시에 상표를 출원하는 방법이 있다. 마드리드의정서 가입국은 2011년 7월 현재 84개국이 가입하고 있다.

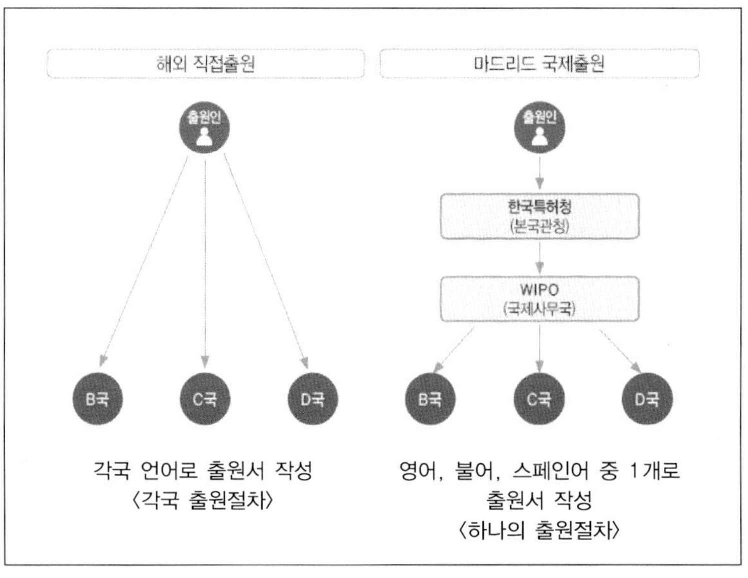

〈**그림 23**〉 해외 직접출원과 마드리드 국제출원 절차의 비교

아. 특허심사하이웨이[23]

A, B 국가에 공통으로 특허가 출원된 경우, A국에서 특허가 가능하다는 결정이 내려지면, B국은 A국의 심사결과를 활용하여 해당 특허를 다른 출원에 비해 신속하게 심사하는 제도를 의미한다.

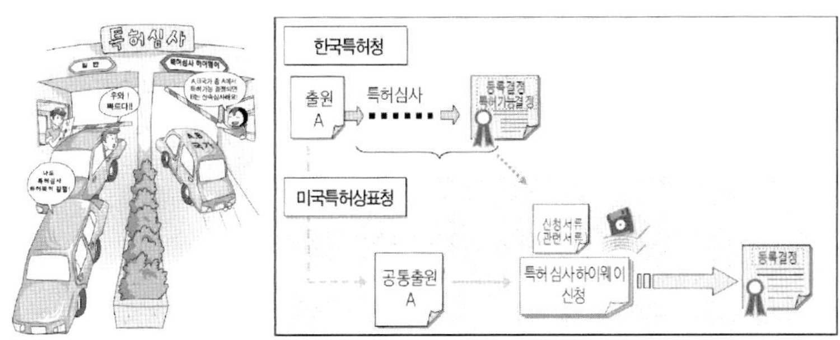

〈그림 24〉 특허심사하이웨이 절차

특허심사하이웨이 제도의 효과로는 출원인은 일반심사에 비해 신속한 심사로 해외에서 조기에 특허권 획득이 가능하고, 특허청은 외국의 심사결과를 상호 활용함으로써, 심사품질 향상 및 심사부담 경감을 할 수 있다.

우리나라는 9개국(일본, 미국, 덴마크, 영국, 캐나다, 러시아, 핀란드, 독일, 스페인)과 시행 중에 있다. 특허심사하이웨이(PPH)를 통한 우선 심사(대상) 제1청이 특허 가능하다고 판단한 제1청 출원의 청구항과 실질적으로 동일한 청구항을 갖고 있는 제2청 출원은 우선 심사를 하게 된다.

---

23) 특허심사하이웨이(PPH: Patent Prosecution Highway).

<표 21> 기업별 특허현황

(단위: 건)

순위	기업명	업종	특허	실용	계
1	(주)삼성전자	전기 및 전자	44,424	715	45,139
2	(주)엘지전자	전기 및 전자	25,325	217	25,542
3	하이닉스반도체	반도체	16,871	196	17,067
4	(주)현대자동차	자동차	12,218	62	12,280
5	포스코	철강	9,211	258	9,469
6	(주)엘지디스플레이	디스플레이	6,231	25	6,256
7	(주)삼성에스디아이	전기 및 전자	6,189	39	6,228
8	(주)케이티	통신	5,654	68	5,722
9	(주)동부일렉트로닉스	디스플레이	5,639	1	5,640
10	(주)대우일렉트로닉스	전기 및 전자	4,302	599	4,901

<특허출원 10계명>

1. 제품출시나 논문발표보다 특허출원을 우선하라.
2. 의료행위 발명은 특허대상이 아니다(의료기기는 가능).
3. 특허출원 전에 선행기술 검색을 필수적으로 하라.
4. 공동발명은 출원 전에 권리관계를 명확히 하라.
5. 출원명세서를 충실하게 기재하라.
6. 우선 심사제도를 적극 활용하라.
7. 외국에서 특허를 향유하려면 외국에도 출원하라.
8. 해외출원에도 기한이 있다.
9. 정부 지원정책을 적극 활용하라.
10. 특허출원 시 상표출원도 함께 고려하라.

특허·실용신안·디자인 우선 심사제도

우선 심사제도란 출원은 심사청구 순서에 따라 심사하는 것이 원칙이나, 모든 출원에 대해서 예외 없이 이러한 원칙을 적용하다 보면 공익이나 출원인의 권리를 적절하게 보호할 수 없는 면이 있어 일정한 요건을 만족하는 출원에 대해서는 심사청구 순위에 관계없이 다른 출원보다 먼저 심사하는 제도를 말한다.

<표 22> 우리나라 심사처리기간 추이

(단위: 개월)

구분	2004	2005	2006	2007	2008	2009	2010*
특·실	21.0	17.6	9.8	9.8	12.1	15.4	18.5
디자인	6.8	6.7	5.9	5.5	5.6	9.0	10.0
상표	9.6	7.3	5.9	5.7	6.5	9.7	10.6

* 2010년은 연평균 심사처리기간(2010년 이전은 12월 기준 심사처리기간)
* 상표처리기간은 갱신 출원을 제외한 신규출원의 처리기간

우선 심사 신청 건은 우선 심사 신청서 접수부터 우선 심사 여부 결정 및 심사 착수까지 일반적으로 3개월(전문기관에 선행 기술조사

를 의뢰하고 그 조사결과를 특허청에 통지토록 요청한 우선 심사 신청 출원 또는 특허청장이 외국특허청장과 우선 심사하기로 합의한 특허출원은 5개월이 소요된다.

다만 우선 심사 신청 설명서 및 증빙서류에 보완사항이 있거나, 기타 보정요구가 되는 등 절차 지연사유가 있는 경우에는 해당 지연 기간만큼 심사결과가 늦게 제공된다. 신청대상은 출원공개 후 특허출원인이 아닌 자가 업으로서 특허출원된 발명을 실시하고 있다고 인정되는 경우, 긴급처리가 필요하다고 인정되는 것이어야 된다(「특허법」 시행령 제9조, 「실용신안법」 시행령 제5조, 「디자인보호법」 시행령 제5조).

<표 23> 우선 심사대상

1. 방위산업 분야의 출원
2. 녹색기술[온실가스 감축 기술, 에너지 이용 효율화 기술, 청정생산 기술, 청정에너지 기술, 자원순환 및 친환경 기술(관련 융합 기술을 포함한다) 등 사회경제 활동의 전 과정에 걸쳐 에너지와 자원을 절약하고 효율적으로 사용하여 온실가스 및 오염물질 의 배출을 최소화하는 기술을 말한다]과 직접 관련된 특허출원(단, 실용신안등록출원 은 공해방지에 유용한 실용신안등록출원)
3. 수출촉진에 직접 관련된 출원
4. 국가 또는 지방자치단체의 직무에 관한 출원(「고등교육법」에 따른 국공립학교의 직무에 관한 출원으로서 「기술의 이전 및 사업화 촉진에 관한 법률」 제11조 제1항에 따라 국공립학교 안에 설치된 기술이전·사업화 전담조직에 의한 출원을 포함한다)
5. 「벤처기업육성에 관한 특별조치법」 제25조에 따른 벤처기업의 확인을 받은 기업의 출원
6. 「중소기업기술혁신촉진법」 제15조에 따라 기술혁신형 중소기업으로 선정된 기업의 출원
7. 국가의 신기술개발지원사업 또는 품질인증사업의 결과물에 관한 출원
8. 조약에 의한 우선권 주장의 기초가 되는 출원(당해 출원을 기초로 하는 우선권 주장에 의하여 외국 특허청에서 특허(실용신안등록)에 관한 절차가 진행 중인 것에 한정한다)
9. 출원인이 출원된 발명(고안)을 실시하고 있거나 실시 준비 중인 출원
10. 전자거래와 직접 관련된 출원

05

특허심판

가. 특허심판(소송)이란?

특허소송이라고 하면 특허권·실용신안권·상표권·디자인권 등 산업재산권에 관한 소송 전부, 즉 ① 특허법원의 전속관할에 속하는 특허법·실용신안법·상표법·디자인보호법상의 소송 및 종자산업법상의 소송, ② 이른바 특허침해 소송이라 불리는 「특허법」 제126조의 금지청구소송, 「민법」 제750조 및 「특허법」 제128조의 손해배상청구소송, 「특허법」 제131조의 신용회복조치청구소송 등, ③ 특허청이 한 행정상의 처분에 관한 소송, ④ 특허권 등의 귀속(주로 발명자의 특정, 상속, 양도 등의 승계에 관계된다)에 관한 소송을 모두 포함하여 일컫는다.

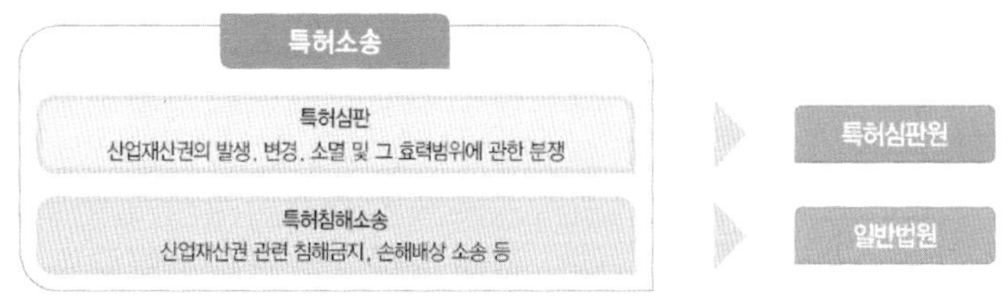

〈그림 25〉 특허소송 체계

위에서 ①의 특허법·실용신안법·상표법·디자인보호법상의 소송 및 종자산업법상의 소송으로서 특허법원의 전속관할에 속하는 것을 협의의 특허소송 또는 심결취소소송이라고 하는데, 특허심판원 송무팀은 이 심결취소소송 중 특허청장을 피고로 하는 결정계 사건에 관한 소송업무를 수행한다.

〈표 24〉 심판청구 현황

(단위: 건, %)

구분		특허	실용신안	디자인	상표	계
2009	결정계	9,533	513	243	2,969	13,258
	당사자계	1,028	315	434	2,089	3,866
	계	10,561	828	677	5,058	17,124
2010	결정계	8,200	307	219	2,573	11,299
	당사자계	1,070	252	472	2,095	3,889
	계	9,270	559	691	4,668	15,188
2011.3.	결정계	2,101	74	33	627	2,835
	당사자계	244	50	65	533	892
	계	2,345	124	98	1,160	3,727
	(전년 대비)	(6.8)	(△22.5)	(△31.0)	(△2.0)	(1.2)

* 심판청구료(온라인): 특허·실용신안 15만 원(청구범위 1항당 15천 원 가산), 디자인(1 디자인당) 24만 원, 상표(1 상품류당) 24만 원

특허심판이란 산업재산권(특허, 실용신안, 디자인, 상표)의 발생, 변경, 소멸 및 그 효력범위에 관한 분쟁을 해결하기 위한 행정심판으로 특허심판원의 심판관이 행하는 쟁송절차이다. 이에는 심사관이 행한 거절결정처분에 불복하거나(결정계 심판), 그 처분에 의해 설정된 산업재산권의 등록무효 등 당사자 간의 권리분쟁을 해결하기 위한 당사자계 심판이 있다. 고도의 기술적 판단이 요구되는 분쟁에 대해서는 특허에 관한 전문적인 지식과 경험이 필요하기 때문에 특허청 소속 특허심판원이 담당하고 있다.

나. 특허심판의 종류

(1) 결정계 심판

당사자가 대립하는 구조가 아니라 특허청의 결정에 대하여 심판청구인이 불복한 경우에 그 청구내용의 옳고 그름을 판단하는 심판을 결정계 심판이라 한다.

〈표 25〉 결정계 심판의 종류

심판의 종류	내용	청구기간	관련규정
거절결정 불복심판	출원에 대한 거절결정을 받은 자가 이에 불복하여 제기하는 심판	거절결정등본을 송달받은 날로부터 30일 이내	「특허법」 제132조의 3, 「실용신안법」 제33조, 「디자인보호법」 제67조의 3, 「상표법」 제70조의 2 등
보정각하 불복심판 (디자인, 상표) ※ 특허·실용신안은 보정각하 불복심판 폐지	보정이 요지변경이라는 이유로 심사관이 보정을 각하 결정하였을 경우 결정에 불복하여 제기하는 심판	보정각하 결정등본을 송달받은 날로부터 30일 이내	「디자인보호법」 제67조의 2, 「상표법」 제70조의 3

| 정정심판 | 특허권 등이 설정 등록된 이후 등록권자 스스로가 자기의 특허발명의 명세서, 도면 등을 정정하여 줄 것을 요구하는 심판 | 권리설정 등록 후 청구 가능(소멸 후에도 가능) | 「특허법」 제136조, 「실용신안법」 제33조 |

(2) 당사자계 심판

이미 설정된 권리에 대해 심판의 당사자로서 청구인과 피청구인이 대립된 구조를 취하는 심판을 당사자계 심판이라 한다.

〈표 26〉 당사자계 심판의 종류

심판종류	내용	청구기간	관련규정
무효심판	일단 유효하게 설정 등록된 특허권을 법에서 정한 무효사유를 이유로 그 효력을 소급하여 또는 장래에 향하여 상실시키는 심판	권리존속기간 중 또는 소멸 후에도 청구가능	「특허법」 제133조, 「디자인보호법」 제68조, 「실용신안법」 제31조, 「상표법」 제71조
정정의 무효심판	특허발명의 명세서 또는 도면에 대한 정정(특허이의신청 또는 특허무효심판절차에서의 정정, 정정심판에 의한 정정)이 부적합한 경우에 그 정정을 무효로 하는 심판	정정심결이 확정된 이후라면 특허권의 존속 중에는 물론 특허권이 소멸된 후에도 청구가능	「특허법」 제137조, 「실용신안법」 제33조
권리범위 확인심판	특허권자, 전용실시권자 또는 이해관계인이 특허발명의 보호범위를 확인하기 위하여 청구하는 심판	-	「특허법」 제135조, 「실용신안법」 제33조, 「디자인보호법」 제69조, 「상표법」 제75조

상표등록 취소심판	일단 유효하게 설정 등록된 상표권에 (불사용, 부정사용 등) 취소사유 발생 시 그 상표권을 장래에 향하여 소멸시켜 줄 것을 구하는 심판	해당 취소사유의 소멸일로부터 3년의 제척기간을 갖는 것을 원칙으로 함	「상표법」 제73조
통상 실시권 허여심판	특허발명 등이 선행 타 특허권 등과 이용/저촉 관계에 있는 경우 그 통상 실시권 허여를 구하는 심판	권리존속 중에만 청구 가능(현존 권리 간의 실시상 저촉해결 목적)	「특허법」 제138조, 「실용신안법」 제32조, 「디자인보호법」 제70조
특허권 존속기간 연장 등록 무효심판	특허권 존속기간의 연장이 잘못된 경우 그 연장등록의 무효를 구하는 심판	-	「특허법」 제134조

(3) 특허심판 절차

특허심판은 심판의 청구로 개시되어 심결에 의하여 종료되는 것이 일반적인 것으로 그 절차는 대체로 상기와 같이 크게 5단계(① 심판청구 → ② 심판부 구성 → ③ 부본송달 → ④ 심리 → ⑤ 종결)로 구분할 수 있다.

첫째, 심판청구서를 특허심판원장에게 제출함으로써 심판청구가 개시되며 이후 심판부가 구성된다. 또한 청구서 부본을 피고인에게 전달하여 기간 내 답변서 제출할 기회를 주기 위해서 또는 피청구인으로부터 답변서를 수리한 때에는 부본을 청구인에게 전달하기 위해 부본을 청구인 또는 피청구인에게 송달한다. 이후 구술심리 또는 서면의 심리가 진행되고 심결 또는 심판청구의 취하와 같이 당사자(청구인)의 행위에 의해서 심판이 종결된다.

(4) 특허소송과 특허심판과의 관계

첫째, 심판전치주의. 「특허법」 제186조 제6항에서는 "심판을 청구할 수 있는 사항에 관한 소는 심결에 대한 것이 아니면 이를 제기할 수 없다"고 규정하고 있다. 따라서 특허심판은 임의적 절차가 아닌 필수적인 절차이다. 결국 심사관의 거절결정취소를 청구하는 소송을 제기하기 위해서는 먼저 특허심판을 거쳐야 할 것이다.

둘째, 절차의 중지. 「특허법」은 필요가 있을 때에 심판절차를 중지할 수 있는 규정과 소송절차를 중지할 수 있는 규정을 두고 있다(특 §78, §164). 그 주된 이유는 관련 사건이 법원과 특허심판원에 공존하는 경우 그 판단결과의 상호모순을 방지하기 위한 것이다.

셋째, 심판 및 소송기록의 송부. 심판절차와 특허법원 소송절차 사이에는 그 절차의 연속성을 인정할 수 없으므로 심결원본 및 기타 일체의 기록서류는 특허법원에 소가 제기된다 하더라도 특허심판원에서 특허법원으로 당연히 송부되는 것이 아니고, 특허법원에서 필요하다고 인정할 경우 특허청장 또는 특허심판원장에게 심사·심판·등록서류 등본의 송부를 촉탁하거나 당사자에게 그 등본을 제출하게 할 수 있다.

06

특허침해와 분쟁

특허권은 특허권자가 자신의 특허발명을 독점적인 업의 형태로 실시할 수 있는 권리이다. 제3자가 특허권자의 동의 없이 그 발명을 업으로 실시(사용)하면 이는 특허권의 침해에 해당된다. 여기서 독점력이 발생하는 발명은 명세서의 특허 청구범위에 기재된 발명을 의미한다. 발명의 상세한 설명에 아무리 많은 발명을 기재하고 있다 하더라도, 특허 청구범위에 기재되어 있지 않으면 그 발명은 특허된 것이라 할 수 없다. 더불어 제3자의 실시 상태가 업으로 이루어져야 침해가 성립된다. 업의 형태가 아닌, 자신의 집에서 혼자 사용하기 위해 그 발명을 만들어서 사용했다든지 등의 상태는 침해로 볼 수 없다.

〈표 27〉 기업 형태별 특허분쟁 현황

(단위: 건)

기업형태		2004	2005	2006	2007	2008	2009	2010	2011.2.	계
대기업	제소	7	12	7	13	21	14	7	4	85
	피소	17	24	22	59	70	69	48	8	317
소계		24	36	29	72	91	83	55	12	402
중소기업	제소	6	1	10	10	7	16	15	1	66
	피소	11	14	15	14	17	26	44	2	143
소계		17	15	25	24	24	42	59	3	209
합계		41	51	54	96	115	125	114	15	611

* 중소기업은 개인, 연구소가 포함된 수치임.

가. 월풀(Whirlpool)사와 LG전자 간의 ITC[24] 소송[25]

미국의 가전업체 월풀(Whirlpool)이 미국 가전시장을 거의 독점했지만, 기술개발 등으로 우리나라를 비롯한 세계 각국의 기업들이 미국 시장에 진출하고 있다. 월풀의 입장에서는 선점한 시장을 뺏기지 않기 위한 무기로 특허권을 사용하는 것이다. 우리 기업이 세계시장에 더 활발히 진출할수록 특허분쟁은 더욱 치열해질 수밖에 없다.

반대로 우리가 기존에 진출하여 장악하고 사업을 펼치는 시장들은 중국, 동남아 등 신흥국들이 추격 공격해올 것이다. 그러므로 특허라는 무기를 잘 사용해야 하는데 선진시장에서는 우리가 후발기업으로서, 신흥시장에서는 선발기업으로서 특허라는 도구를 적절히 유효하게 잘 사용해야 한다.

이 분쟁은 2008년 1월 월풀이 LG전자의 냉장고가 자사의 특허 5건

---

24) 미국 국제무역위원회(ITC: International Trade Commission).

25) 특허청(2010), 기계 분야 지식재산 사례집 티칭노트, 산업재산인력과.

을 침해했다며 미국 국제무역위원회(ITC)에 제소하면서 시작되었다. 월풀의 특허 5건은 각각 얼음 저장 및 이송장치에 관한 1건과 물 공급 튜브에 관한 2건과 서랍구조 및 설계에 관한 2건이었다.

미국의 국제무역위원회(ITC)는 미국 내 수입금지 조치 권한을 가지고 있어서 LG전자와 같은 수출 제조업체에는 상당히 부담스럽게 작용한다. 미국 기업들은 매년 해외경쟁 업체를 겨냥해 ITC에 특허침해 소송을 제기하는데, 여기서 패소하는 외국 업체들은 미국으로의 수출길이 막히게 된다. 따라서 일반적으로 해외 업체들은 미국 업체의 제소를 당하면 지레 겁을 먹고 거액의 특허사용료를 내고 합의하기 일쑤였다.

미국 최대 가전업체 월풀이 LG전자 냉장고가 자사 특허 5건을 위반했다며 ITC에 제소할 당시 LG전자는 북미지역 냉장고 및 세탁기 시장에서 월풀을 위협할 정도로 급성장 중이었다. 월풀의 공세에 대응하여 LG전자는 거액의 특허실시료를 내는 대신 월풀과 소송에서 싸우기로 결정하였다.

먼저 LG전자는 2008년 4월 미국 뉴저지 주 지방법원에 월풀이 보유한 특허 5건에 대한 무효소송을 제기하고, 월풀이 LG전자의 특허를 침해하였다며 델라웨어 지방법원에 4건의 특허침해 소송을 제기하였다.

즉, 수세적인 입장에서 벗어나 LG전자가 보유하고 있던 특허권을 사용하여 오히려 월풀을 공격하며 압박을 가한 것이다. LG전자의 직원들은 월풀 특허의 무효자료를 찾기 위해 헌신적으로 노력하였으며, 그 결과 서랍구조 및 설계에 관한 2건의 특허와 관련하여 월풀의 아마나(Amana) 브랜드로 출시한 냉장고에 2건의 특허기술이 적용되었으며, 최초 출시일이 2건의 특허출원일보다 1년 이전이라는 사실을 밝혀냈다.

LG전자는 이를 토대로 무효증거를 제출하였으며 월풀은 상기 2건에 대한 특허를 이례적으로 자진 취하신청을 하고, ITC는 이에 대한 조사 중지를 결정했다. ITC에 소송을 제기한 미국 업체가 자진해서 소송을 취하한 것은 매우 이례적인 일로서 사실상 승소와 같은 것이었다. 한편 월풀은 물 공급 튜브에 관한 2건도 합의 취하함으로써 얼음 저장 및 이송장치에 관한 1건의 특허만 남게 되었다.

LG전자는 월풀 특허의 상세한 설명 및 도면에는 아이스 메이커가 냉동실 도어에 장착되는 예를 기재 또는 도시하지 아니하였고, 청구범위의 해석상 냉동실의 도어는 냉동실과 상이함을 주장하였고, ITC는 이를 받아들여 2009년 2월 26일 LG전자의 비침해 판결을 내렸다.

그러나 월풀이 판정에 승복하지 않자 5개월 후 이례적이게도 재심판결이 났는데, 심리결과를 번복하는 사례는 드물었기 때문에 업계에서는 미국 내 보호무역주의가 확산되는 것이 아니냐는 우려도 나왔다.

이에 대해 LG전자는 월풀 특허의 무효자료를 발굴하여 냉동실의 도어도 냉동실 영역으로 확장 해석한다면 월풀 특허는 무효화되어야 한다고 주장하여 2010년 2월 12일 재심판결에서도 LG전자의 비침해 판결로 결론이나 LG전자는 세계 최대 가전업체와 맞붙은 경쟁에서 최종 승리하게 되었다.

나. MBI 자전거(한국) 회사와 시마노 자전거(일본) 회사 분쟁[26]

시마노는 자전거부품과 관련하여 일본은 물론 미국에서도 가장 많은 특허출원을 할 정도로 기술력도 뛰어나고 기업의 규모도 큰 회사이다. 1990년 이후 시마노는 총 6,700여 건의 특허를 등록받았을 정도이다. MBI는 겨우 20여 건의 특허를 등록받았을 뿐이다. 또한 시마노는 자전거뿐만 아니라 생활필수품 분야에도 널리 진출해 있는 기업이다.

특허소송은 천문학적인 비용과 오랜 시간이 소요되므로 거대기업과 특허분쟁에 휘말린 중소기업들은 이러한 경제적, 시간적 압박을 견디지 못하고 결국 분쟁에서 패소하거나 사업을 접는 경우가 많다.

MBI는 이 변속기를(속도변환 장치) 1999년 12월 국내 특허출원하고 미국과 일본, 유럽 등 38개국에도 특허(지정)등록을 마쳤다. 시마노도 MBI와 구조 자체가 같은 변속기를 개발해 특허를 받았다. 그런데 이 변속기의 세계 특허는 MBI가 정확히 83일 앞서 등록을 완료했다.

하지만 MBI가 자금난으로 고전할 때 시마노는 2003년 유럽을 시작으로 대만, 일본, 미국, 이탈리아 등지에서 판매를 하기 시작했다.

매년 500만 대 이상을 팔며 세계시장 싹쓸이에 나선 것이다. 시마노에서 기술도용을 한 것은 아니지만 시마노가 83일 늦게 출원한 사실을 알아내 2009년 3월 독일 뒤셀도르프 지방법원에 '자전거 변속기 특허권 침해금지 및 손해배상 청구소송'을 제기하게 됐다.

MBI가 독일법원에 소송을 제기하니까 시마노는 수차례 합의를 요구해왔다. 그래서 2003년부터 2010년까지의 손해배상 및 특허 독점적

---

26) 특허청(2010), 기계 분야 지식재산 사례집 티칭노트, 산업재산인력과.

권리 잔여기간 12년 동안의 로열티를 합쳐 1조 원을 지급할 것을 제안했다. 그런데 시마노는 MBI에게 합의를 제안하면서 한편으론, 일본 특허청에 등록된 MBI의 '속도변환장치'의 변속기를 상대로 2008년 7월 3일 '특허무효심판소송'을 제기하는 이중플레이를 전개하였다.

하지만 일본 특허청은 지난 4월 MBI의 손을 들어주었다. 시마노의 청구소송에 대해 '심판청구 불성립', '심판비용은 시마노가 부담하라'며 기각을 하기에 이르렀다. 시마노는 이와는 별도로 미국 특허법원에도 2건의 소송을 제기했지만 결국 기각되었다.

다. 삼성 vs 애플의 특허전쟁[27)]

삼성과 애플의 관계는 지난해 4월 애플이 삼성을 상대로 특허침해 소송을 제기하면서 급속히 악화됐다. 사실 애플은 지난해 삼성전자로부터 8조 원이 넘는 부품을 구입한 최대 고객사다. 올해도 삼성전자로부터 110억 달러(한화 약 13조 원) 규모의 부품을 구입할 것으로 전망된다.

예상대로라면 사상 최대규모다. 삼성과 애플의 협력관계는 약 30여 년 전으로 거슬러 올라간다. 애플의 전 CEO 고 스티브 잡스는 지난 1983년 11월 서울 중구 태평로 삼성본관에서 삼성 창업주인 고 이병철 회장을 만났다. 당시 이 회장은 삼성의 명운을 걸고 반도체 사업에 진출할 때였다.

잡스는 개인용 컴퓨터를 만들어 하루아침에 유명인이 된 스물여덟의 새파란 젊은 사업가였다. 이병철 회장은 그 자리에서 "굉장히 훌

---

27) 송영록(2012), 발명특허, 한국발명진흥회.

류한 기술을 가진 젊은이”라며 “앞으로 IBM과 대적할 만한 인물”이라고 높이 평가했다. 애플이 2007년 아이폰을 출시하면서 지난 30년 협력관계가 경쟁관계로 바뀌기 시작했다. 스티브 잡스는 지난해 삼성 갤럭시탭을 향해 ‘도착 즉시 사망(DOA)’할 것, 삼성은 모방자(카피캣)라며 독설을 퍼부었다.

결국 애플은 지난해 4월 15일 삼성전자의 갤럭시 S등 제품에 대한 특허침해 소송을 제기한다. 삼성은 협력관계를 의식해 최대한 대응을 자제했지만 일주일 후 특허소송을 제기하며 공세로 전환했다.

삼성과 애플이 전 세계에서 치열한 전쟁을 벌이고 있는 것은 모바일 스마트 기기를 둘러싼 ‘글로벌 패권’을 잡기 위해서다. 애플이 스마트폰과 태블릿PC 등의 모바일 기기가 자사의 특허를 침해했다며 소송을 제기한 것도 강력한 경쟁상대로 떠오르고 있는 삼성전자를 견제해야겠다고 판단했기 때문이다.

삼성과 애플처럼 전 세계적으로 특허전을 벌일 경우 소송비용은 기하급수적으로 늘어난다. 하지만 전 세계적으로 얻는 인지도 상승효과가 만만치 않다. 공짜 마케팅 효과를 얻고 있다는 얘기다. 애플과의 특허전으로 인해 각종 특허공세에도 튼튼한 기업이란 이미지가 형성되고 있고, 삼성과 애플이라는 세기의 라이벌 구도를 완성해주고 있는 것도 다름 아닌 특허전이다.

실제로 삼성은 이번 애플과의 특허전 이후 글로벌 브랜드 컨설팅 그룹 인터브랜드가 발표한 2011년 글로벌 100대 브랜드 조사에서 브랜드 가치가 234억 3,000만 달러를 기록하며 40억 달러 이상을 끌어올렸다. 스마트폰 시장 점유율에서도 지난해 애플을 제치고 사상 처음 1위에 올랐다.

라. 특허분쟁의 경향

오늘날 국제 특허분쟁은 날로 격화되고 심각한 양상을 띠고 있으며, 양적으로 팽창하고 그 형태 또한 다양해지고 있다. 최근 미국 등 선진국들은 특허권을 무기화하여 자국기업의 경영악화를 개선하려는 경향이 있다. 이처럼 점증하고 있는 국제 특허분쟁의 경향은 다음과 같이 몇 가지로 나누어 볼 수 있다(한국전자산업진흥회, 2004).[28]

첫째, 특허침해로 인한 손해배상액의 고액화이다. 1990년 코닥이 폴라로이드에 8억 7천만 달러의 손해배상액을 지급하고, 1991년 미놀타는 하니웰에 카메라 관련 특허로 약 1억 달러의 손해배상액을 지급한 것과 같이 특허침해로 인한 손해배상액은 최근 천문학적 규모로 고액화되고 있다.

둘째, 선진기업들에 의한 후발기업들의 시장퇴출의 시도 경향이다. 선진기업들은 자사의 주력제품에 대해서는 관련 특허의 라이선스 계약을 거부하며 경쟁기업의 시장진입을 저지하고 퇴출시키는 수단으로 특허권을 활용하는 경향이 있다.

셋째, 선소송 후협상 경향이다. 특허권자는 먼저 소송을 제기하고 자신의 의도대로 상대방이 협상에 응하도록 압력을 가하는 전략을 사용하는 추세이다.

넷째, 완제품 제조업체를 대상으로 한 제소경향이다. 특허권자는 상기 고액의 로열티 수입을 위해 부품업체보다는 완제품 제조업체에게 특허침해 소송을 제기하고 있다. 따라서 선진국에서 구입한 일부

---

28) 한국전자산업진흥회(2004), 국제 특허분쟁 대응표준 Manual.

부품을 사용하여 완제품을 제조하는 한국기업들은 완제품에 대해 다시 로열티를 지불해야 하는 경우가 많아짐으로써 로열티 부담이 더욱 가중된다.

다섯째, 개인발명가 또는 Licensing Company에 의한 제소증가이다. 미국의 Lemelson 등 개인발명가나 최근 우후죽순처럼 생겨난 수많은 특허괴물(Patent Troll)에 의한 제소가 증가하고 있다. 특히 이들은 제조자가 아니기 때문에 설령 상대방이 관련 특허를 보유하고 있더라도 크로스라이선스 등이 원칙적으로 불가능하며, 제품제조에는 관여하지 않고 특허권 매입 및 권리행사를 주된 사업으로 하고 있어서 특허분쟁을 양산하고 있다.

여섯째, 특허 카르텔의 형성으로 후발기업의 진출을 원천 봉쇄하는 경향이다. 원천특허를 보유한 기존 업체들이 크로스 라이선싱으로 상호 타사 특허를 사용하면서 후발기업에 대해서는 진입장벽을 구축하여 시장진출을 원천봉쇄하고 있다.

일곱 번째, 특허침해에 대한 국제적 보호·감시의 강화이다. 각국은 자국기업의 특허를 보호하기 위해 외국의 침해행위에 대한 감시를 강화하고 있는 추세이다.

마. 특허권을 침해받으면 어떻게 해야 할까?

특허분쟁을 해결하는 방법은 크게 협상과 소송제기의 방법이 있다. 협상은 불필요한 소송비용을 절감하고, 융통성 있는 해결이 가능한 방법이다. 그러나 상대방의 무리하고 과도한 요구에 단호히 대처함으로써 추후 유사분쟁을 차단하기 위하여 소송이 필요할 수도 있다. 소송은 많은 비용과 시간이 소요된다. 또한 패소 시에는 거액의 손해배상 의무를 지게 될 위험이 있다.

따라서 특허분쟁에 대한 대응전략을 수립할 시에는 관련 특허의 유효성 여부, 권리행사 가능 여부, 침해 여부 등 관련 특허를 면밀히 분석하는 것이 필수적이다. 상대방이 특허권자이고 상대방이 우리 측에 자신의 특허권을 침해했다고 주장하는 경우 상대방이 우리 측의 시장진입 봉쇄나 시장에서의 퇴출을 시도하려는 것인지 상대방의 의도를 파악하는 것이 중요하다. 또한 관련 사업에 미치는 영향을 고려하여 분쟁을 조기 종결하여야 하는지 판단해야 한다.

특허권자는 제3자에게 특허권의 침해사실을 통보하고 특허권자가 원하는 요구사항을 기재하여 경고할 수 있다. 더불어 민사소송(침해금지청구권, 손해배상청구권, 부당이득반환청구권, 신용회복청구권)을 제기할 수도 있고, 형사상 소송을 제기할 수도 있다. 특허권자는 자기 특허권을 제3자가 고의 또는 과실로 침해한 경우, 형사고소를 통하여 특허침해죄로 다룰 수 있다. 특허침해죄는 5년 이하의 징역 또는 5,000만 원 이하의 벌금형에 처하게 된다. 특허 침해죄는 특허권자의 고소가 있어야 벌하는 친고죄로 되어 있다.

일반적으로 타인이 본인의 특허에 대하여 침해 등의 사실을 인지한 경우 경고장을 발송할 수 있다. 경고장에 포함해야 할 사항으로 첫째, 타인의 실시제품이 본인의 특허출원이나 특허발명과 동일하다는 내용을 적시한다. 둘째, 특허등록 시 경고장을 받은 시점부터 보상금을 지급해야 함을 고지한다. 셋째, 계속 침해 시 형사처분 및 민사상 손해를 배상해야 한다는 사실 등을 기재하여 발송한다.

이때 출원 관련 공개·등록 공보와 등록원부를 첨부하여 발송한다.

경고장 발송 전에 충분한 증거수집을 통해 진행하여야 하며 반면에, 특허침해가 아님에도 침해라고 허위사실을 유포한 경우 업무방해죄가 성립될 수 있음에 주의하여야 한다.

경고장을 받은 경우 등록원부를 통해 특허권의 유효 여부 확인, 특허 청구범위에 실시제품이 포함되는지, 특허발명의 출원 전에 동일한 발명이 공지되었는지를 확인해보아야 한다. 다음으로 경고장 검토 후 다음과 같은 조치를 통상 취한다. 첫째, 특허발명에 포함되는지 여부는 권리범위확인심판을 통해 확인한다. 둘째, 특허에 무효사유가 있는 경우 무효심판을 청구할 수 있다.

특허권자로부터 특허침해 주장을 받은 경우 특허권자의 주장을 무력화시킬 수 있는 대책이 필요하다. 침해주장에서 벗어나기 위해서는 첫째, 특허권자의 정당한 권리주장인가, 특허권의 정당한 권리자인지 여부, 그 특허권이 유효한 권리인지를 먼저 파악하여야 한다. 권리를 주장하는 자가 그 권리에 대하여 독점권을 갖지 않는 통상 실시권자인지, 아무런 실시권도 가지고 있지 않은 자인지, 그 특허권이 소멸된 것인지 등을 파악할 필요가 있다.

<표 28> 기술 분야별 특허분쟁 현황

(단위: 건)

분야		2004	2005	2006	2007	2008	2009	2010	2011.2.	계
전기 전자	PDP	3(2)	2(2)	1	4(1)					10 (5)
	LCD	3	2(1)	2(2)	8(3)	14(2)	6	10(4)	4(2)	49(14)
	반도체	5(2)	12(3)	6(2)	15(1)	10(2)	12(2)	10(2)	1	71(14)
	휴대폰		6	6	17(2)	17(3)	25(7)	3	5(1)	79(13)
	디지털	14	11(1)	9(2)	16(2)	40(14)	32(12)	49(2)	3(2)	174(35)
	컴퓨터	4(3)	1	5(1)	5(2)	9(3)	16(2)	3		43(11)

화학 약품	화학	1	6(2)	4(1)	9(5)	6	2	6(2)		34(10)
	약품	8(4)	5(1)	10(4)	8(4)	4(1)	8(3)	12(3)	1	56(20)
	섬유	1(1)	5(3)	3(1)	3	2(1)	3	1		18 (6)
	식품				2(1)		1(1)			3 (2)
기계	자동차	1(1)		3(1)	4	3	3(1)	1		15 (3)
	정밀가공				2	8(2)	8(2)			18 (4)
	기타	1	1	5(3)	3(2)	2	9	19(9)	1	41(14)
계		41(13)	51(13)	54(17)	96(23)	115(28)	125(30)	114(22)	15(5)	611(151)

* ( )는 한국기업이 외국기업을 상대로 소송을 제기한 건수
* 디지털: 전기전자 품목 중 위의 PDP, LCD, 휴대폰, 컴퓨터 등으로 분류되지 않는 냉장고, 무선마이크로폰, 디지털카메라, GPS, 디지털보안기기 등을 총칭

둘째, 특허권의 권리 내용에 실시하고 있는 발명이 속하는가? 특허청구범위에 기재된 발명과 실시하고 있는 발명이 동일한 것으로 인정될 수 있는지 등에 대해 꼼꼼히 살펴보아야 한다. 전문가인 변리사에게 감정을 구하거나 특허청 특허심판원에 권리범위확인심판을 청구하여 실시하고 있는 발명이 특허권의 발명과 다르다는 것을 확인시킴으로써 침해주장에서 벗어날 수 있다.

셋째, 특허무효심판을 청구한다. 선행기술자료 또는 출원 전에 그 발명이 사람들에게 알려져 있었거나 생산 판매되고 있었다는 사실 등에 대하여 특허심판원에 특허무효심판을 청구할 수 있다. 심판에 의해 특허가 무효로 확정되면 특허침해에서 벗어날 수 있다.

07

특허괴물

특허괴물(Patent Troll)[29]은 2001년 인텔의 변호사인 피터 데트킨 (Peter Detkin)이 처음으로 사용한 용어로서 피터 데트킨은 특허에 대하여 당해 특허를 현재 실시하고 있지도 않고(not practicing), 미래에도 실시할 의사가 없고(have no intention of practicing) 대부분 과거에도 실시한 적이 없는(never practiced at all) 특허로 막대한 돈을 벌려는 자로 정의하고 있다. 이들은 협상수단으로 소송을 활용하므로 소송부담이 증가하고 이에 따른 기업의 경영 리스크가 증가하게 된다.

특허괴물(Patent Troll)은 일반적으로 부정적인 의미로 사용되고 있지만, 비실시자(NPE)와 같은 넓은 의미로도 사용되고 있다. 2005년 12월 인터디지털이라는 회사는 노키아로부터 시작하여 파나소닉, 삼성과의 이동통신 관련 특허소송에서 차례로 승소를 하여 노키아로부터 2억 5,300만 달러 및 삼성전자로부터 670만 달러의 로열티 지급을 합

---

29) Non-Practicing Entities: 통상 특허괴물이라고도 하며, 제조활동을 하지 않고 특허 라이선싱 및 소송 등을 통해 수익을 창출하는 회사로 전 세계에 약 380개가 활동 중이다.

의로 이끌어내기도 하였다.

인터디지털은 이 소송에서 승소한 것을 계기로 LG전자, 팬택 등 국내기업을 대상으로 특허소송을 제기할 것임을 경고하였고, LG전자는 인터디지털과의 싸움에 승산이 없다고 판단하여 2006년부터 2008년까지 매년 9,500만 달러씩 총 2억 8,500만 달러의 휴대폰 로열티 계약을 체결하였다.

2000년대 이후 본격적으로 그 모습을 드러낸 특허괴물은 특별한 생산시설 및 영업조직을 두지 않고 몇몇 발명자, 기술전문가 및 특허소송 변호사를 채용하여 특허를 둘러싼 소송을 통해 막대한 이익을 얻는 특허소송 전문기업을 의미한다.

〈표 29〉 특허괴물 기업의 주요현황

특허괴물	주요현황
인터디지털 (Inter Digital)	□ 1972년 설립하여 현재 펜실베이니아 주에 위치 □ 무선통신 분야에 4,200여 건의 특허를 보유하고 있으며 최근 이를 토대로 특허공세 강화 □ 현재 노키아, 인피니언, NEC, 샤프 마쓰시타, 삼성, LG 등과 이동통신 분야에서 라이선스 협약을 체결하여 로열티를 받음 □ 향후 팬택 및 기타 통신업체들에게 소송을 준비하고 있는 중
NPT	□ 1992년 버지니아에 설립, 서류로만 존재하는 기업 □ Mobile e-mail, RF 안테나 분야에 수십 개의 핵심특허 보유 □ 2005년 이후 노키아, 굿테크놀러지(Good Technology), RIM 등과 Mobile e-mail 기술 분야에 라이선서 협약을 체결하여 로열티를 받음
포젠트 네트워크 (Forgent Networks)	□ 1985년 Video Telecom이라는 명칭으로 설립, 2001년 소프트웨어 분야로 사업을 변경하면서 지금의 이름으로 변경하고, 텍사스에 위치. 서류로만 존재하는 기업 □ 소프트웨어 분야의 핵심 특허를 기업 인수 합병을 통해 획득 □ 어도비 시스템즈, 매크로미디어 등 소프트웨어 벤처기업에서 로열티를 받음 □ 델(Dell)을 포함한 40여 개 PC 제조업체를 상대로 샌프란시스코 연방법원에서 소송 중
아카시아 리서치 (Acacia Research)	□ 1995년 설립하여 로스앤젤레스에 위치 □ 바이오 칩 및 생명공학 분야의 기술을 중심으로 개발하고 특허출원 □ 47개의 기술 분야를 선정하고 매년 다량의 특허를 매입 □ 현재 NI, 노키아, 플레이보이, 펫코, 선글래스 헛, 월트 디지니 등과 라이선서 협약를 체결하여 로열티를 받음
인텔렉추얼 벤처스 (Intellectual Ventures)	□ 2000년 설립 MS의 전 CTO였던 나탄 미어볼드(Nathan Myhrvold)와 최고 소프트웨어 설계자였던 에드워드 정(Edward Jung)에 의해 공동으로 설립 □ 연간 300여 개 특허를 출원하나 등록된 특허는 별로 없음 □ 연간 3,000여 건의 특허를 폐업한 기업 및 개인 발명가로부터 매입 □ 지금까지 특별한 소송은 없으나 향후 수많은 소송이 발생예상
오션 토모 (Oecon Tomo)	□ 2003년 설립하여 시카고 등 미국 6개 도시에 기반을 둠 □ 특허, 상표, 저작권 등 지재권과 무형자산 인수 및 이전 컨설팅업체 □ 2006년 4월 샌프란시스코에서 제1회 특허경매 이벤트 주최하였고, 향후 특허경매 이벤트 주최를 준비 중 □ 경매방식으로 수십 건의 특허를 매입하고 Novell이라는 기업을 매각함

* 자료: 특허청(2005), 주요 Patent Troll 현황보고서.

특허괴물은 현재 시장에서 상당한 수익을 내는 국내외 대기업을
먹잇감으로 삼고, IT 분야를 중심으로 특허소송에서 승리하여 수많은
이익을 챙기고 있다.

〈표 30〉 특허괴물 기업의 특허협상 및 소송현황

소송당사자	특허협상 및 소송현황
인터디지털 (InterDigital) vs 노키아 외 8개 기업	□ 통신 분야에 다량의 특허를 보유 □ 2005년 노키아를 상대로 승소하여 2억 5,300만 달러, 삼성을 상대로 역시 승소하여 670만 달라 로열티 합의 □ 2006년 LG전자와 2009년까지 매년 9,500만 달러씩 총 2억 8,500만 달러 로열티 합의
NPT vs RIM(Research in Motion)	□ RIM사는 캐나다에서 국책사업 일환으로 PDA 상용화 사업을 추진 □ NPT사는 굿 펠로우라는 사람에게 핵심특허를 매입 □ 2003년 RIM사가 상용화에 성공하자 NPT사가 특허소송을 제기 □ 2006년 RIM사는 NPT사에게 합의금 6억 1,250만 달러를 배상
포젠트 네트워크 (Forgent Networks) vs 노키아 외 38개 기업	□ 1997년 포젠트 네트워크사는 컴프레션 랩사의 인터넷 압축 기술 특허를 매입 □ 2002~2005년 노키아 외 38개 기업과 라이선스 협상을 하여 1억 달러 이상의 수입을 얻음 □ 2006년 미국 특허청은 이 특허에 대한 재심사 요구를 받아들여 재심 중
포젠트 네트워크 (Forgent Networks) vs 다이렉 티브 (DirecTV) 외 1개 기업	□ 2006년 포젠트 네트워크사는 멀티미디어 데이터 검색 저장기술 특허를 바탕으로 에코스타사에게 특허소송을 제기 □ 2007년 다이렉트 티브사는 멀티미디어 데이터 검색 저장기술을 포젠트 네트워크사 800만 달러 로열티를 합의
머크익스체인지 (Mercexchange) vs 이베이(eBay)	□ 1995년 머크익스체인지사의 설립자인 톰 울스턴이 온라인 경매에 관한 특허를 출원 □ 2000년 이베이사가 머크익스체인지사에 특허인수를 검토했으나 협상이 결렬 □ 2001년 머크익스체인지사는 이베이에 특허침해를 주장하고 소송 □ 2005년 이베이는 법원으로부터 벌금 2,500만 달러와 함께 특허사용 금지 당함 □ 2006년 대법원에서는 손해배상금만 인정하고 서비스 금지 명령은 기각함으로 이베이사가 일부 승소함

* 자료: 특허청(2005), 주요 Patent Troll 현황보고서 및 Westlaw 데이터 베이스 검색.

현재까지 알려진 공격적인 특허소송을 수행하고 있는 회사로는 인터디지털(InterDigital), NPT, 포젠트 네트워크(Forgent Networks), 인텔렉추얼 벤처스(Intellectual Ventures), 아카시아 리서치(Acacia Research), 오션토오(Oecon Tomo), 머크익스체인지(Mercexchange), 텔레플렉스(Teleflex)의 8개 회사이다.

현재까지 파악된 것에 의하면 인터디지털(InterDigital), NPT, 포젠트 네트워크(Forgent Networks)의 3개사가 가장 공격적으로 특허소송을 수행하고 있으며, 나머지 회사들도 그들의 먹잇감을 찾고 있는 중이다. 이들의 핵심적인 전략은 IT 분야를 중심으로 특허를 다량 출원하여 기술 그물을 만들거나 중소기업, 폐업한 회사, 개인 발명가 및 특허경매를 통하여 상당한 가치가 있지만 거의 평가받지 못한 특허를 헐값에 구입하고, 이를 그들의 공격무기로 현재 시장에서 기득권을 지닌 그 분야 최고기업(노키아, 삼성 등)을 상대로 특허소송을 수행한다. 그리고 최고기업이 특허소송에서 패소하면, 나머지 기업들은 싸워볼 의사를 상실하고 특허괴물의 요구조건을 순수하게 받아들이게 하는 전략을 구사하고 있다.

특허괴물은 입법의 흠결이나 법상 허용된 권리를 악용하여 자신이 가지고 있는 특허권을 사용할 수밖에 없는 상대기업들에게 침해금지청구권을 무기로 높은 손해배상액이나 라이선스료를 받아내는 데 사용한다. 특허괴물의 비즈니스 전략이 이렇게 비정상적으로 형성된 협상력을 이용하여 자신의 기술에 고착된 기업들을 상대로 고액의 라이선스료를 요구하여 '고액실시(Holdup)'를 한다는 점에서 공정거래법상 규제가 논의될 수 있다.

양 당사자가 공평한 상태에서 혹은 생산에 들어가기 전에 사전협상을 통해 정당한 가격(Arms-length Pricing)으로 라이선스를 하였다면 문제가 되지 않는다. 특허괴물은 이미 생산에 들어간 기업들을 상대로 다른 대체기술이 없거나, 대체기술로 쉽게 전환할 수 없는 것을 이용하여 사후협상을 벌여 고액의 라이선스료를 받아내는 것이다. 더욱이 특허법상 인정된 침해금지청구권이 협상력(Bargaining Power)을 더욱 강화시켜주는 역할을 한다. 이렇게 높아진 라이선스료 때문에 생산비용이 증가하고 결국 소비자들은 더 많은 비용을 지불해야만 한다.

이러한 문제는 특허괴물의 기술이 표준기술인 경우에 있어서 더욱 커진다. 특허괴물의 고액실시 행위는 특허괴물이 시장지배력을 가지고 있고 경쟁 제한성이 인정된다면 독점규제법상 시장지배적 지위 남용행위가 될 수 있다. 만약 시장지배력이 인정되지 않거나, 경쟁제한성까지는 인정되지 않더라도 적어도 행위의 억압성이 인정된다면 위법한 불공정거래행위가 될 수 있다.[30] 특허괴물은 상대기업을 공격하기 위한 목적으로 관련 특허를 계속하여 촘촘하게 출원하여 특허덤불(Patent Thicket)을 만들거나 특허장벽(Patent Wall)을 형성하기도 한다. 그리하여 기술혁신이라는 특허보호의 본래 목적을 도외시하고 결국엔 이 또한 금전적 이익을 극대화하는 데에 이용한다.

일반적으로 소프트웨어 산업분야와 같이 하나의 제품을 생산하기 위하여 수많은 특허가 관련되어 있고, 여러 기업이 그 제품의 각 일부와 관련된 특허를 가지고 있는 경우, 각 기업들은 상호라이선스(Cross Licensing) 또는 특허풀(Patent Pool) 등을 통하여 서로 분쟁을 피하고 제품을 생산할 수 있는 방법을 찾게 된다.

---

30) 강보라(2011), 특허괴물(Patent Troll)에 대한 독점규제법상 규제에 관한 연구, 고려대박사논문.

그러나 특허괴물은 스스로 생산하는 제품이 없기 때문에 침해자로 주장된 상대방(피고)으로부터 특허침해로 인한 반소(Counterclaim)를 제기당할 염려가 전혀 없다. 그리하여 특허괴물은 상대기업이 제품을 생산할 때까지 기다렸다가 자신의 특허침해를 이유로 영구적 금지명령을 청구한다. 이럴 경우 당해 특허를 사용할 수밖에 없는 기업은 특허괴물의 요구를 들어줄 수밖에 없게 된다. 이러한 점이 특허괴물이 출현하게 된 배경이 되었다.[31]

이에 따라 특허괴물의 횡포에 맞서 특허방어 회사가 생겨나고 제조업체들끼리 손잡는 특허연합(AST)도 나타나고 있다. 즉, 특허소송에 대한 위험이 갈수록 증폭돼 자사를 보호할 방어막을 찾는 기업들도 늘고 있다. 우리 정부도 특허펀드의 필요성을 인식해 창의자본(인벤션캐피털) 5,000억 원을 조성하였으며 특허펀드를 통해 기업들이 제조와 판매에만 집중할 수 있도록 필요한 특허를 싼값에 매입해 라이선싱을 해주고 소송이 진행되고 있는 특허는 매입해 분쟁의 불씨를 끄는 역할도 할 수 있다.

〈표 31〉 우리나라의 지식재산 선진화 내용

지식재산 선진화 주요내용	
창의자본 및 지식재산관리회사	200억 원 규모 창의자본을 기업 주도로 조성 민관 합동의 지식재산관리회사 설립(5년간 최대 5,000억 원 출자)
기술지주회사 활성화	우수한 지식재산을 보유한 대학이나 공공연구소의 기술지주회사 설립요건 완화 우수한 기술지주회사를 선정해 2013년까지 200억 원 지원

---

31) 특허괴물을 달리 잠수함 특허라 하기도 한다. 잠수함 특허란 출원인이 특허출원 후 특허심사를 고의로 지연시키고 있다가 어느 날 갑자기 특허를 등록시켜 무차별적으로 특허권을 행사하는 것을 말한다. 이렇듯 잠수함 특허란 출원인이 특허출원 후 특허심사를 고의로 지연시키고 있다가 어느 날 갑자기 특허를 등록시켜 무차별적으로 특허권을 행사하는 것을 말한다.

국가 R&D 사업화	국가 R&D 예산 가운데 사업화 예산비중을 2013년까지 3%로 확대 지식재산 대형사업화 연계 기술개발 예산 마련
법, 제도 개편	국가지식재산위원회 설립 및 지식재산기본법 제정
국제협력	한국, 미국, 일본, 유럽 연합, 중국 등 특허 5개국과 '특허심사 국제공동 체제' 구축
인재양성	지식재산권 전문학위 과정 마련 및 기술경영 전문대학원 설립

* 자료: 지식경제부, 특허청/동아일보(2009)

또한 국내에서 특허를 평가해 투자나 대출해주는 곳이 없어 좋은 아이디어가 있어도 사업화할 수 있는 토대가 마련돼 있지 않은 게 현실이다. 따라서 숨어 있는 아이디어의 사업화를 위한 인큐베이터 특허펀드의 설립이 필요하고 이를 통해 특허 · 아이디어 거래가 활성화되고 기술가치 평가에 대한 객관적 기준도 마련될 수 있을 것이며 결과적으로 빛을 못 보거나 헐값에 해외로 팔려나가는 국내 특허기술도 줄어들 것으로 예상된다. 그러면 특허괴물과의 소송 시 기업은 어떻게 대응하여야 할 것인지에 대해 알아보자.

미국에서 소송가격 100만 달러(12억 원)짜리 특허소송을 치르려면 평균 50만 달러(6억 원)의 비용이 소요되며, 소송가격이 2,500만 달러(30억 원) 이상으로 올라갈 경우 일반적으로 400만 달러(48억 원) 이상으로 비용이 증가하게 된다. 이는 기업의 발목을 조이는 '족쇄'다. 반면 괴물은 '비용'에서 자유롭다. 이들은 '성공보수(contingency)'를 조건으로 특허변호사를 고용하기 때문에 소송이 길어지거나 패소할 경우에도 비용 부담이 크지 않다.

하지만 기업의 입장은 다르다. 소송이 장기화될 경우 비용 부담을 견디기 힘든 기업의 입장에선 적극적으로 합의를 고려하지 않을 수 없다. 괴물은 이 점을 노린다. 소송을 걸기 전, 가능성이 있어 보이는 기업 전부를 대상으로 협상을 제안하는 통지서를 보내는 것이다.

지레 겁을 먹고 협상에 응하는 기업이 나타날 경우, 괴물은 쉽고도 빠르게 수익을 얻을 수 있다. 괴물은 이런 기업을 우선 물색·공격해 합의금을 받아낸 뒤, 이 합의금을 자금으로 삼아 보다 큰 기업을 공격한다.

따라서 괴물의 공격통지를 받은 기업은 당황하지 말고 차근차근 소송의 실익 여부와 협상의 수위를 검토할 필요가 있다.

<표 32> 주요국 정부의 지식경제 전쟁 대응 현황

미국	일본
■ 친지식재산(Pro-IP) 정책 ■ 대통령실 지식재산집행조정관 신설(2008) ■ '2007~2012 전략계획'을 작성해 품질위주의 강한 특허정책 수립	■ 총리주재 지적재산전략본부 설치 ■ 지적재산기본법 제정(2003) ■ 통관조치 강화(2003) ■ 저작권 침해 처벌 강화(2004) ■ 지적재산고등재판소 설치(2005)
유럽	중국
■ '유럽 산업재산권 전략 2008' 수립 ■ 지재권 침해 시 형사처분 확대	■ 국가지재권 전략 수립, 창조/이용 촉진, 보호 강화, 남용 방지, 문화 배양의 5대 전략 마련(2008) ■ 지식재산 전략을 과학기술, 인적자원과 함께 국가 3대 전략의 하나로 공표(2009)
한국	
■ 지식재산강국 실현 전략 마련(2009) ■ 5,000억 원 규모의 창의 자본(특허펀드) 구성 ■ 친기업적 지식재산 사법제도 마련 ■ 대학의 기술지주회사 설립 활성화	

* 자료: 제15회 국가경쟁력강화위원회(2009)

또한 기업이 제품을 개발하거나 새로운 서비스를 실시하려고 할 때에는 어떠한 관련 특허가 있는지를 상세히 검색해야 하며 특정기술을 사용할 필요가 있어 특허권자와 계약을 할 땐 반드시 "제3자에 의해 특허침해 주장이 제기될 경우엔 특허권자가 라이선스 사용 기업을 보호해야 한다”는 면책조항을 계약내용에 포함시켜야 한다.

또한 부품과 관련된 특허침해 주장에 대비하여 부품을 구매할 때에는 반드시 “부품 공급기업이 부품 구매기업의 면책을 보장한다”는 내용을 계약서에 삽입해야 한다.

08

무료 변리제도

가. 출원료 면제 및 감면

경제적으로 어려운 자에 대한 출원료, 심사청구료를 면제 또는 감면하여 줌으로써 발명 의욕고취 및 개발기술의 권리화를 촉진하기 위해 마련된 제도이다.

<표 33> 출원료의 면제 또는 감면 대상자

구분	면제 또는 감면 대상자	면제 또는 감면 수수료
전액 면제	● 국민기초생활보장법 수급자 ● 국가유공자와 그 유족 및 가족 ● 장애인복지법상 등록 장애인 ● 학생(재학생에 한함, 대학원생 제외) ● 만19세 미만 청소년	특허·실용신안·디자인의 출원료, 심사청구료, 실용신안기술평가 청구료
70% 감면	개인 및 중소기업기본법에 의한 소기업	특허·실용신안·디자인의 출원료, 심사청구료
50% 감면	중기업 및 기술이전촉진법에 의한 전담조직 또는 공공연구기관, 지방자치단체	특허·실용신안·디자인의 출원료, 심사청구료

* 상표는 면제 또는 감면대상이 아님

출원료, 심사청구료, 최초 3년분 등록료, 실용신안기술평가 청구료(면제 대상자에 한함), 적극적 권리범위 확인심판 청구료(면제 대상자, 개인 및 소기업, 전담조직에 한함)에 한하며, 상표는 면제·감면 대상에서 제외된다. 신청방법은 반드시 출원·심사청구·기술평가청구·권리범위확인심판청구 등록 시에 면제, 감면 사유를 기재하고 해당 증명서류를 제출해야 된다.

나. 공익변리사 운영

경제적 여건이 어려운 사람들의 지식재산권 창출, 보호, 활용 기반을 마련하고 지식재산권 서비스로부터 소외된 지역에 대한 불균형을 해소하기 위하여 공익변리사로 하여금 출원·심사·등록·심판절차와 관련한 상담 및 서류작성지원 등 산업재산권 전반에 걸쳐 무료변리 서비스를 제공함으로써 사회적 형평성 제고와 산업재산권 창출기반 확대를 목적으로 한다.

지원대상은 생활보호대상자, 국가유공자와 그 가족, 장애인, 학생(대학원생 제외), 소기업 등이다. 지원범위는 선행기술 검색 및 활용을 비롯하여 출원, 심사, 등록, 심판절차 등 산업재산권 전반에 관한 상담 및 서류 작성지원 업무와 지역순회 상담서비스 등을 지원한다.

09

직무·이용발명 및 지식재산의 라이선스

가. 직무발명

종업원, 법인의 임원 또는 공무원이 그 직무에 관하여 발명한 것이 성질상 사용자·법인 또는 국가나 지방자치단체의 업무범위에 속하고, 그 발명을 하게 된 행위가 종업원 등의 현재 또는 과거의 직무에 속하는 발명을 직무발명이라 한다. 종업원 등은 직무발명에 대하여 특허 등을 받을 수 있는 권리나 특허권 등을 계약이나 근무 규정에 따라 사용자 등에게 승계하게 하거나 전용실시권을 설정한 경우에는 정당한 보상을 받을 권리를 가진다(발명진흥법 제15조).

2007년 우리나라 직무발명의 비율은 81.3%에 달하고, 개인 발명을 통해 출원되는 특허는 감소하는 추세이다. 이는 아이디어에 의존하기 보다는 발명을 실시할 수 있는 환경과 축적된 지식을 바탕으로 육성되어야 함을 암시해주고 있다. 따라서 특허된 발명에 대한 권한의 귀속과 보상문제가 중요한 관심사가 되고 있다. 이에 직무발명제도를 어떻게 정착시키고 육성하는가의 문제는 기업뿐만 아니라 국가의 경쟁력 제고 차원에서도 매우 중요하다.

직무발명의 성립요건은 첫째, 종업원 등의 발명일 것, 둘째, 사용자 등의 업무범위에 속할 것, 셋째, 현재 또는 과거의 직무에 관한 발명일 것 등이다. 여기서 사용자와 종업원 간의 권리귀속 문제로 사용자주의와 발명자주의로 구분이 된다. 사용자주의는 종업원의 발명에 대한 법률상 권리는 사용자에게 원시적으로 귀속한다는 주의이고 발명자주의는 종업원에 의한 발명에 대한 권리는 원시적으로 종업원에 귀속한다는 주의이다.

종업원이 자기 직무와 관련하여 연구개발을 한 후에 스스로 특허출원을 하고 특허권을 획득한 경우 특허권 자체는 종업원의 소유가 된다. 그러나 회사는 그 특허권을 실시할 수 있는 통상실시권을 갖는다. 이러한 경우 종업원은 회사를 상대로 특허권 행사를 할 수 없다.

한편 종업원이 획득한 특허권에 대해서 회사가 통상실시권이 아닌 특허권을 소유할 수 있는 경우가 있다. 즉, 종업원을 채용할 때 회사 규정에 "회사의 업무로 인한 발명은 회사의 재산으로 한다"라는 계약서를 마련하고 그 계약서에 종업원으로 하여금 서명을 하게 하는 것이다. 이것을 예약승계라 한다. 예약승계는 불법이 아니며 적법한 것으로 회사는 반대급부로 종업원의 발명활동에 대해 보상규정을 두어야 한다.

나. 이용발명

이용발명은 선등록된 특허발명(A)에 새로운 요소(a)를 추가하여 새

로운 특허(A+a)를 받았더라도 후등록 특허권자는 선등록 특허권자의
실시허락을 받아야만 자기의 특허발명을 업으로 실시할 수 있는데,
이러한 후등록 특허(A+a)를 이용발명이라 한다. 그 효과는 선특허권
자는 후특허권자에게 권리(A)를 행사할 수 있는 반면, 후특허권자는
선특허권자로부터 허락이나 동의를 받아야 특허발명(A+a)을 실시할
수 있다.

:: 영업방법(BM) 관련 발명 ::

영업방법 관련 발명은 정보기술을 이용해 실현한 새로운 비즈니스 시스템이나 비즈니스 방법에 관한 발명으로서 컴퓨터상에서 소프트웨어에 의한 정보처리가 하드웨어를 이용해 구체적으로 실현된 것을 말한다. 일반적인 기술특허와는 달리 비즈니스 기법이나 프로세스의 발명에 대해 주어지는 특허로 과거에는 이러한 발명이 권리로서 성립될 수 없다고 인식되어 왔으나, 1998년 미국에서 투자신탁의 운용에 관한 특허[허브 앤 스포크(Hub and Spoke) 특허]의 유효성이 인정된 이후부터 이 종류의 특허출원과 권리화가 급증하고 있다.
유명한 비즈니스 모델 특허의 예로는 인터넷 서점인 아마존닷컴에 의한 '원 클릭 특허'가 있다. 이 특허는 최초 사용 시에 신용카드 번호 등의 개인정보를 한 번 입력해두면 이후에는 간단한 조작만으로 인터넷 쇼핑이 가능한 것이다. 비즈니스 모델 특허는 단순히 비즈니스 기법이나 프로세스만 참신하면 되는 것이 아니라 이들이 IT 기술이나 금융공학 등의 기술적인 뒷받침이 필요하다.

:: 국내사례 ::

발명의 명칭: 인터넷 광고 장치 및 방법
출원일: 1996년 9월 13일
등록번호(등록일): 10-0197944(1999.2.26)
특허권자: 주식회사 열림기술, 김희수
발명의 내용: 일반사용자들이 인터넷을 통해 원하는 정보를 서비스 받는 인터넷 서비스에 관한 것이다. 구체적으로는 일반 사용자들이 무료로 인터넷을 사용하게 하는 대신에 광고를 하고자 하는 업체가 광고화면을 통해 인터넷 사용자의 연령, 성별, 취향에 맞는 광고를 선정하여 광고하도록 한다.
즉, 일반 사용자들의 인터넷 사용요금을 광고업체가 부담하게 하고, 일반 사용자는 광고화면과는 별도의 화면을 통해 인터넷을 사용하게 한다. 따라서 인터넷 사용자는 무료로 인터넷을 사용할 수 있고, 인터넷 서비스업체는 사용자에게 적합한 광고를 할 수 있게 된다.

다. 지식재산의 라이선스

지식재산의 실시에는 자사에서 실시하는 것 이외에도 타사에 대하여 실시하는 것도 있다. 예를 들어 타사를 대상으로 실시권 등을 설정함으로써 실시권을 실행하거나(즉, 라이선싱을 하거나) 회사에서 이용하지 않는 미이용 지식재산권(즉, 휴면 특허)을 타사에 양도하여 타사에서 이를 실시하게끔 하는 것이다.

최근에는 특허권 등의 지식재산권 확보에 주력한 후에 이 지식재산권을 라이선싱하여 실시료를 회사의 수익으로 하고, 이 수익으로 회사를 운영하는 모델을 취하는 회사가 점점 증가하고 있다.

타인에 대한 특허권의 실시 허락의 유형으로서 실시권이 있다. 실시권이란 특허를 실시할 수 있는 권리를 말하며 전용실시권과 통상실시권으로 구분할 수 있다. 전용실시권은 하나의 회사가 독점하여 실시할 수 있는 권리인 반면, 통상실시권은 여러 회사가 실시할 수 있는 권리이다. 전용실시권 계약을 체결한 기업은 계약에서 설정된 범위(일정한 지역이나 기간) 내에서 특허권을 독점적으로 실시할 수 있다. 이때 전용실시권 계약에서 설정된 지역과 기간은 특허권자라도 실시할 수 없다.

이에 반해 통상실시권을 체결한 기업은 특허권을 실시할 수 있는 것은 변함이 없지만 하나의 기업만이 그 권리를 독점적으로 실시하는 것은 아니라, 통상실시권 계약에서는 여러 기업이 동일한 특허권을 실시할 수 있다. 또한 특허권자도 그 권리를 실행할 수 있다. 즉, 기업에서 특허권을 이용한 상품을 판매하는 동시에 그 권리를 다른 여러 기업에 대하여 라이선싱 사업을 할 수 있다.

상호실시권(Cross License)은 특정 산업재산권에 대해 실시권자 간에 상호 교환사용이 필요하다고 인정되는 경우 상호 실시권을 허여하며, 이때 산업재산권의 경제적 가치가 동등할 경우에는 상호 무상으로 사용하게 되지만, 어느 한쪽의 산업재산권의 경제적 가치가 더 높을 경우에는 가치가 낮은 쪽에서 그 차액만큼 보상해주고 실시권을 허락받는 것이 일반적이다. 크로스 라이선싱의 경우 상대방 특허의 경제적 가치를 평가하기 위해서는 특허의 수, 권리기간, 권리범위 및 기술적 가치(발명이 제품에 차지하는 비중 등), 원천기술이나 개량기술, 특허의 유효성(무효 가능성은 없는가) 등을 심도 있게 살펴보아야 한다.

10

특허풀과 특허맵의 이해

가. 특허풀

국제 표준화 활동이 늘어나면서 특허와 표준의 가교역할을 담당할 수 있는 하나의 해결책으로서 특허풀이 주목받고 있다. 특허풀이란 다수의 특허권 소유자들이 그들의 특허권에 대한 배타적 권리행사를 그들 상호 간에는 유보하고, 라이선싱 대행기관으로 하여금 자신들의 특허를 공동으로 관리하도록 위탁하는 협정(Agreement) 또는 그 협정으로 인한 특허권의 집합체(pool)를 말한다.

특허권 사용자에게는 여러 특허권자마다 개별적인 라이선싱을 하지 아니하고 한 번의 계약으로 특허풀 내의 모든 특허를 사용할 수 있는 이른바 일괄계약(one-stop shopping)이 가능한 것이다.

라이선스 대행기관은 별도의 중립적 관리기관으로 설립될 수도 있으며, 특허권자 중 하나가 그 역할을 수행할 수도 있다. 첨단기술이 넘쳐나는 산업사회에서 지식재산권의 침해로 인한 소송비용은 침해를 하는

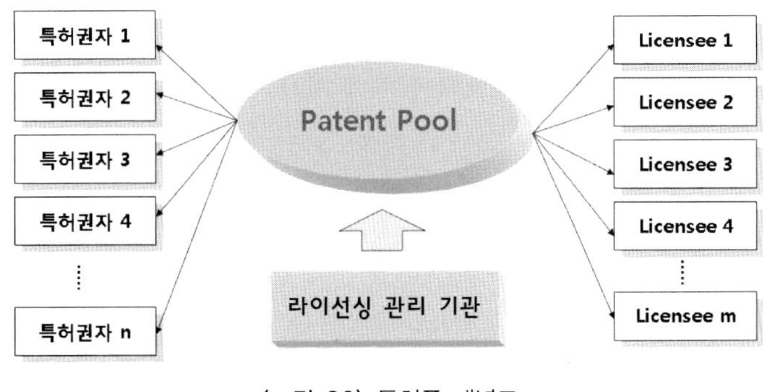

<그림 26> 특허풀 개념도

쪽이나 받는 쪽 모두에게 큰 부담인 것이 사실이다. 이러한 문제를 산업계에서는 특허풀이라는 전략적 제휴를 통해 풀어나가는 추세이다.

특허풀은 19C 중반부터 미국 내의 일부 상공인들이 시장에서의 독점적인 지위를 유지하기 위한 방책으로서 특허권을 중심으로 한 Trust를 결성한 것에서 유래하였다. 1856년의 재봉틀(sewing machine) 관련 특허풀이 역사상 최초의 특허풀로 알려지고 있으며, 최근에는 정보통신 분야에서 다수의 특허풀이 결성되고 있는 추세이다.

특허풀 행사에 있어서 독점규제법과의 관계가 문제되는 경우는 주로 지식재산권을 라이선싱하는 경우에 발생된다. 우리나라 독점규제법은 지식재산권의 행사에 의한 경쟁제한과 관련하여 일괄적 적용제외 규정을 두고 있다. 이는 정당한 권리행사에 한한 것이며 권리 남용적 행사까지 면책되는 것은 아니다.

즉, 지식재산권의 권리자가 우월적 지위를 이용하여 부당한 거래 등을 행한 경우는 「민법」 제2조의 권리남용에 해당됨과 동시에 독점규제법상의 불공정거래행위에도 해당된다(「독점규제법」 제23조).

독점적 실시가 보장된 권리자에게는 그 권리를 정당하게 행사해야 할 의무도 함께 있는 것이다.

특정기술이 표준으로 채택되면 제품 제조자는 제품과 부품의 호환성 문제로 인하여 표준을 따르지 않을 수 없고, 이러한 실질적인 강제력이 기술표준을 획득한 특허권자들로 하여금 특허풀을 결성하는 환경을 제공하고 있다.

따라서 특허풀과 기술표준화는 밀접한 관련이 있으며, 기업들은 특허풀 가입의 전제가 되는 기술표준에 자신의 특허기술을 반영시키기 위하여 모든 노력을 기울이고 있다.

따라서 표준특허의 제정단계에서 특허명세서에는 다양한 실시 예를 포함시키고, 특허 청구범위는 포괄적으로 작성하고 PCT 출원제도 및 가출원 제도를 적극 활용하여야 한다.

또한 제안 이전 단계에서는 기본발명을 우선적으로 출원하고 초안 개발단계에서는 개량발명을 우선적으로 출원하며 제안 승인단계에서는 출원된 발명이 표준화에 반영되도록 적극적으로 제안할 필요가 있다.

대표적인 특허풀로서 MPEG LA, Via Licensing 등이 있으며 Via Licensing

MPEG LA	Via Licensing
MPEG-2 MPEG-4 Visual MPEG-2 System MPEG-4 System ATSC AVC/H.264 VC-1 1394 DVB-T	AAC MPEG-4 Audio MPEG Surround IEEE 802.11 OCAP MHP TV-Anytime

〈그림 27〉 특허풀의 예시

은 MPEG-4 Audio 특허풀에 대한 라이선싱 관리자로서 MPEG-4 Video는 MPEG LA에서, MPEG-4 Audio는 Via에서 담당하고 있다. 2004년부터 현재까지 약 140건의 평가수행을 하고 있으며 평가 분야는 IEEE 802.11, AAC, MHP, OCAP, TV-Anytime 등이다.

나. 특허맵

특허맵이란 시장의 특허취득 상황을 이해하기 쉽게 데이터베이스화한 것으로 특허맵의 작성과 분석은 기업의 유효한 연구개발 전략의 책정 및 실시를 위해 반드시 필요하다. 특허맵은 특정기술에 대한 관련 기술들에 대한 지도('기술지도'라고도 함)를 말하는 것으로서, 기술에 대한 지도를 보지 않고 해당 기술에 막대한 비용을 투자하는 경우 선행기술 때문에 특허분쟁에 휘말리게 되어 사업을 포기해야 되는 등 기업에 엄청난 손실을 가져올 수 있다.

〈표 34〉 특허맵의 활용 목적과 용도

구분	용도
연구개발 전략수립 (Techno Map)	R&D 동향 파악, 공백 기술 분야 파악, 선행 프로젝트의 현존기술 파악, 중요 특허 파악, 타깃 제품의 시장조사
	기술 분야의 체계 파악, 자사의 위치 설정
경영 전략수립 (Manage Map)	경쟁사의 동향 파악, 시장동향 및 상품의 변화와 흐름파악
	신규 사업방향 및 가능성 파악
	자가 기술 매각, 해외진출, 기술 도입 시 활용
	사업화 시 주의를 요하는 권리 파악
특허 전략수립 (Claim Map)	정보제공, 이의신청 및 무효심판 등의 자료
	특허 관리망 형성
	강력한 특허권 취득을 위한 명세서 작성

또한 특허맵(PM)은 조사대상 기술에 대하여 200~6,000건 정도의 관련 특허문헌들을 조사하는 광의의 특허조사를 의미하며 필요에 따라 논문도 조사대상에 포함될 수 있으며 이 경우 특허문헌조사, 정량분석, 정성분석 및 결론 도출에 약 2개월 내지 6개월의 시간이 소요되는 광범위한 조사가 이루어지며 특허맵을 통해 해당 기술의 발전동향, 경쟁업체의 기술개발동향, 경쟁업체의 특허 구축현황 및 공백기술분석 등 다각적인 면에서 분석이 이루어진다.

특허맵은 복잡한 특허정보를 분류, 정리, 가공, 분석을 하여 쉽게 파악할 수 있도록 도표나 도식으로 표현한 분석결과로서 출원인, 기술분포 등 권리관계를 한눈에 파악할 수 있고 과거기술의 동향파악, 미래기술에 대처할 수 있다는 특징이 있다.

정량분석이란 특허정보의 출원건수, 출원인수, 특허분류 등 서지적 데이터를 수량적으로 분석하여 표시하는 것을 말하며 시각적으로 분석필드 사이의 관계를 쉽게 파악하기 위해 2차원보다는 3차원으로, 2~3개의 그래프를 복합적으로 이용하기도 하고 표와 그래프가 혼합된 형태를 취하기도 한다.

〈그림 28〉 특허맵의 표현

정성분석이란 데이터를 내용적으로 파악하고 분석하는 방법을 말하여 핵심특허 선별과정과 기술흐름 분석과정을 거친다. 핵심특허 선별과정에서의 핵심특허는 일반적으로 우선권 주장, 인용 특허 수, 청구항 수 최종처분 내용을 통해 중요특허를 1차로 선정하고, 선정된 특허 중에 기술 분야의 전문가가 내용을 검토 후 핵심특허를 최종적으로 선정한다.

기술흐름 분석은 선별된 핵심특허를 시간의 흐름에 따라 기술별로 표현한 것으로서 시계열적 발전도, 기술 분야별 발전도, 주요 출원인별 발전도, 관련 특허 발전도, 인용관계를 이용한 발전도 등이 있다.

발명의 기술적 권리적 사항을 내용적으로 파악하고 분석하는 정성분석 결과를 통해 향후 기술개발 방향을 예측하고 공백기술을 파악한 후 연구개발 방향을 설정할 수 있다는 장점이 있다.

11

외국의 특허정책 동향

가. 미국의 특허 동향

　미국은 1950년대까지는 독점 공포증(Monopoly Phobia)의 영향으로 본질적으로 경쟁을 제한하고 독점을 허용하는 특허제도는 한정적인 범위에서 운영되는 것으로 취급되었던 소위 반특허(Anti-Patent)시대였다고 할 수 있다. 그러나 제2차 세계대전 이후 미국의 국제경쟁력을 강화하고 산업발달을 촉진시키기 위해서는 발명가들의 권리를 강화하여야 한다는 필요성이 대두되어, 1952년 새로운 특허법이 제정되고 1982년 13번째의 항소법원인 CAFC(Court of Appeals for the Federal Circuit)가 설립되면서 친특허(Pro-Patent) 정책의 경향으로 돌입하게 된다.

　특히 CAFC의 판결은 Pro-Patent의 경향이 매우 강했는데 1980년 이전에 특허침해의 판결이 60% 수준에 불과하였으나, CAFC의 설립과 더불어 1980~1990년에 그 비율은 90% 수준까지 상승하게 되었다. 한편 이러한 Pro-Patent 경향 속에서 질이 떨어지는 특허가 등록되고 이에 따라 특허분쟁이 양산되며, 특허제도가 오히려 산업발전과 창작의욕을 저해하는 것이 아니냐는 인식이 대두되기 시작하였다.

미국 경제는 1970년대 이후 일본 등의 다른 선진국들에 비하여 특허출원에서 뒤지고, 산업경쟁력에서 위협을 받게 되자 미국의 특허제도와 기초연구가 산업에 이전되는 경로에 문제가 있다고 진단하게 된다. 즉, 기초연구는 다른 선진국에 비하여 월등하다고 보나 이를 제대로 보호하지 못하고 방치함으로써 국내산업으로 기술이전이 제대로 이루어지지 못하고 오히려 다른 선진국들이 이를 먼저 활용하여 상품화하고 있다는 것이다.

이러한 문제를 해결하기 위하여 미국 경제는 1980년 Bayh-Dole 법안을 제정하고 일련의 판결을 통하여 공공지식(Public Knowledge)의 사유화(Privatization)를 가속화하였으며, 1982년 연방법원개선법(The Federal Court Improvement Act, 28 U. S. C)을 통하여 종래 관할지역에 따라 12개로 구성되어 있던 연방항소법원 외에 13번째의 항소법원인 CAFC(Court of Appeals for the Federal Circuit)가 탄생하게 되었다.

CAFC는 다른 12개의 항소법원과는 달리 특허 및 상표 등의 특정사건에 관하여 미 연방 전체에 걸친 독자적인 관할을 가지며, 설립의 가장 큰 목적이 특허법에 관한 통일적이고 효율적인 법 해석에 있으므로 특허 관련 항소사건의 전속관할을 갖는 연방 항소법원이다.

Bayh-Dole 법과 CAFC의 설립으로 특허권의 보호범위를 넓게 인정하는 추세가 이어지게 되었고, 이에 따라 미국은 Pro-Patent 시대로 돌입하였다고 볼 수 있다. 미국의 대학을 포함한 내국인 특허출원은 급증하기 시작하였고, 미국 경제는 세계시장의 중심에 서면서 특허권 강화의 경제적 효과에 대한 믿음이 굳건해지게 되었고, 이에 따라 지식재산권 강화를 경제발전의 중요한 부분으로 인식하게 되었다.

2011년 미국은 선발명주의를 포기하는 등의 내용을 담은 특허법을 개정하기에 이른다. 2005년 6월 Lamar Smith 의원이 'Patent Reform Act of 2005'를 제안한 이래로 거의 매년 특허법 개정안이 의회에 제출되었지만 번번이 무산되었다. 2011년 1월 25일 Senator Leahy에 의하여 제안된 'Patent Reform Act of 2011'이 2011년 3월 8일 상원을 통과하였으며, 그 법안의 명칭이 'America Invents Act'(S.23)로 명명되었고, 하원도 상원법안을 일부 수정하여 2011년 6월 23일 이를 통과시켰다.

이에 2011년 9월 8일 상원은 하원법안을 승인하였고, 2011년 9월 16일에 미국 대통령 오바마가 그 법안에 서명하기에 이르렀다. 금번 미국 개정 특허법은 6년 이상의 논의를 거쳐 나온, 1952년 이후 최대의 개정이라 할 수 있다.

주요 개정내용으로는 특허요건 판단시점을 출원일에 맞추는 선출원주의 도입과 출원공개일 후 2개월 이내에서 6개월 이내로 하는 출원공개 전 제3자의 선행기술정보 제공기간을 확대하였다. 더불어 특허수수료 및 심사료의 상당 부분을 미국 특허청 자체 지출로 편성 가능하게 하는 미국 특허청의 재정 독립성을 보다 강화하였다.

고의적 침해요건을 보다 엄격하고 자세하게 규정하고 중소기업이나 영세기업의 출원료를 감면하고, 경제 또는 국가경쟁력 확보에 중요한 기술에 대해 우선심사 신청에 따른 추가비용의 면제, 개인 발명가 및 중소기업 지원을 위한 무상변호 프로그램 마련 등의 개정을 취하였다.

나. 유럽의 특허 동향

유럽은 특허출원의 절차·심사 간소화와 통일화를 위해 유럽 특허
조약(EPC)[32]으로 하나의 출원에 의해 38개 체약국에 출원·심사의
효과가 발생한다. 공식언어(영어, 불어, 독어) 중 하나로 EPO에 출원
하고 심사받은 경우 모든 체약국(35개국)에 출원·심사받은 것으로
간주된다. 특허결정을 받은 후 EPO 등록절차[33]를 거친 후 유럽 특허
공보로 발간하게 된다.

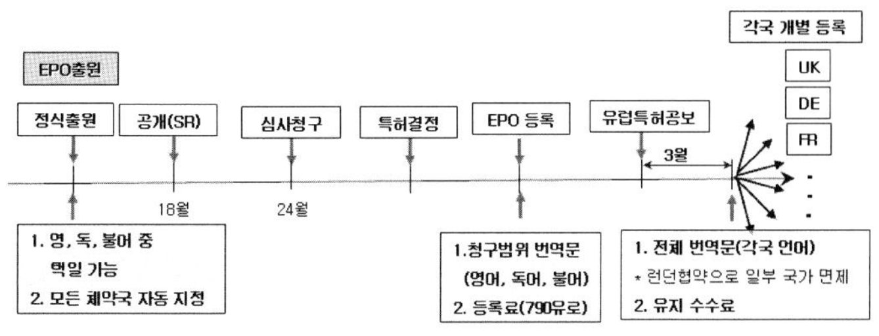

〈그림 29〉 유럽 특허조약에 의한 출원

회원국 내에서 특허권 행사를 위해서는 각 회원국에 특허권 개별
등록이 추가로 필요하다. 개별등록 시 명세서 번역, 국가별 특허등록
료를 납부해야 한다. 유럽 특허 출원·심사·이의 신청절차는 일원화
되어 있지만 등록된 유럽 특허에 대한 분쟁은 각국 법원이 관할한다.
특허권의 무효 및 침해소송 등 특허권 행사에 따른 분쟁은 각국 법원
이 관할한다.

---

32) 유럽 특허조약(EPC: European Patent Convention).

33) EPO 등록절차: 등록료(830유로, 144만 원)+타 공식언어로 된 청구범위 번역문 제출.

유럽의 경우 심사부담을 최소화하기 위해 청구항수, 형식, 보정범
위, 수수료 등을 가장 엄격히 제한하여 운영하고 있다. 출원일을 인정
받기는 쉽지만 출원 후 출원인의 의사에 따라 발명을 변경하기는 어
렵다.

PART 3

창의성 키우기

2010년도 IMD 조사에서 우리나라의 교육경쟁력은 전체 58개 국가 가운데 35위로 나타났고, 고등교육의 경쟁력은 46위로 나타났다. 우수인재를 육성하고 활용하는 것이 국가발전의 핵심이라는 점을 고려할 때 인재경쟁력을 강화하는 것이 시급한 과제로 제기되고 있다. 국가 차원에서 국제경쟁력을 갖춘 인재를 육성하는 것이 긴요한 상황이라 하겠다.

정부에서는 창의적 인재육성을 위하여 다양한 정책적 노력을 기울이고 있다. 참여 정부에서는 인적자원 개발을 강조하고 인적자원을 육성하는 정책을 추진하였다. 국가 인적자원 개발정책을 효율적으로 추진하고 지원하기 위하여 2002년에 인적자원개발기본법을 제정하였다.

이명박 정부 역시 출범 이후 인재대국 건설을 국정의 주요과제 가운데 하나로 설정하여 인재육성을 위하여 다양한 노력을 기울여왔다. 2010년에는 창의적 인재육성을 교육·문화·예술 분야 핵심과제로 설정하였다(2010 교육과학기술부, 문화체육관광부 업무보고).

교육청에서도 창의적 인재가 21세기를 주도할 핵심인재라고 판단하고, 경쟁적으로 창의적 인재육성 정책을 펼쳐나가고 있으며 수많은 일선 학교에서도 창의적 인재육성을 교육목표로 설정하고 교육을 실천하고 있다.

인간이 가진 모든 능력은 뇌에서 나온다. 뇌를 통하지 않고서는 우리는 어떤 능력도 발휘할 수 없다. 다중지능 이론은 뇌에 대한 이런 연구를 바탕으로 등장하게 된다. 특히 1981년 미국의 노벨의학상 수상자인 로저 페리(Roger Perry)가 발표한 좌우 뇌 이론이 다중지능 이론을 뒷받침하는 데 큰 역할을 했다. 대뇌는 왼쪽 뇌와 오른쪽 뇌로 나뉘어 있는데 각각 반대편에 있는 몸의 지각과 운동을 담당하고 있다. 뇌출혈이나 사고 등으로 한쪽 뇌를 다쳤을 때, 그 반대쪽 몸에 이상이 나타나는 것이 그 증거이다. 왼쪽 뇌는 언어 뇌라고 하며 언어 중추가 있다.

따라서 왼쪽 뇌가 발달하면 분석적이고 논리적이며 합리적으로 사고하는 능력이 뛰어나게 된다. 오른쪽 뇌는 이미지 뇌라고 하는데 그림이나 음악 활동, 스포츠 등 감각적이고 직관적인 분야를 담당하고 있다. 지난 100년 가까이 이어져 온 IQ 검사는 주로 언어 및 수리와 관련된 두뇌의 기능을 측정한 것으로 좌우 뇌 이론에 비추어 볼 때 왼쪽 뇌의 능력만을 측정했음을 알 수 있다.

그렇기 때문에 가드너는 두뇌 양쪽의 전반적인 기능을 모두 포괄하는 능력에 주목했고, 이 능력 중에서 더 기초적이고 근원적인 능력요소를 다중지능이라 보았다. 뇌를 통해서 발현되는 능력이 하나의 다중지능으로 간주되기 위해서는 여러 가지 조건을 만족시켜야 하는데, 그 중 하나가 두뇌의 어떤 부위와 깊은 관련이 있어야 한다는 것이다.

창의적으로 생각하게 하는 방법은 독서나 토론을 통하여 길러줄 수 있다. 더불어 질문을 하는 것도 사고력을 향상시키는 좋은 방법 중의 하나이다. 단순한 사고를 유발하는 닫힌 질문에서 다양한 사고를 통해 무수히 많은 답을 생산할 수 있는 열린 확산적인 질문이 학습활동에서는 중요하다. 그리고 생각할 수 있는 질문은 창의적인 성향을 개발하는 데 아주 중요한 관건이 된다.

여기서 창의적 성향이란 창의적 사고기능이 최종적으로 인간의 성취를 위해 작용하는 과정에서 개인에게 요구되는 정의적 또는 태도적 특성을 말한다. 생각을 유도하는 질문 즉, 해는 왜 동쪽에서 떠서 서쪽으로 지는가, 우리는 꼭 세 끼를 먹어야 하는가, 독서 후 주인공의 행동을 추측하게 하는 학습적인 질문이나 우리가 선행을 베풀어야 하는 까닭 등 철학적인 질문도 학습자의 사고를 자극하여 두뇌의 활동을 신장하여 다양한 사고결과가 양산될 수 있다.

학교교육이 지식의 주입기관에서 지식의 산출기관으로 거듭나기 위해서는 기존의 교수-학습 시스템에 변화가 필요하다. 이러한 변화의 모습은 거창하고 큰 변화는 아니다.

창의성을 신장하기 위해서는 다양한 방법들이 동원될 수 있다. 기존의 것을 새롭게 사고하는 능력과 남다른 생각과 시각을 가지고 사물을 관찰하여 이를 실제 생활 장면에 적용하는 능력 등이 우선으로 꼽을 수 있다.

창의성을 기르기 위해 특정한 훈련과 학습을 집중적으로 적용하기보다는 평소 생활 장면에서 창의적인 훈련을 습관적으로 수행하는 것이 보다 바람직한 방법으로 권장된다.

최근에는 창의성에 대하여 기존의 서로 다른 이론이나 접근방법들을 통합하여 인지적, 정의적, 동기적, 환경적 요인들이 모아져 발현된다고 하는 다원적이고 통합적인 관점(confluent approach)이 설득력을 가진다. 창의성에 대한 다원적 접근에서는 창의성을 단순히 어느 한 요인으로 환원시키지 않고 여러 요인이 상호 관련되어 영향을 주는 통합적 관점으로 보는 데 의견을 같이한다.

즉, 창의성을 개인의 내적인 요인과 외적인 조건을 모두 통합된 형태로서 각 요인들 간의 상호작용을 중시한다. 이는 창의성에 관련된 요인들을 총체적으로 구조화시킴으로써 창의적인 활동 전 과정에 있어서 확산적 사고와 수렴적 사고의 인지적 요인과 내적 동기와 같은 정의적 요인들이 상호 작용한 절차적 구조뿐만 아니라 개인과 환경 간의 상호의존성을 다루고 있다.

01

융복합형 창의인재 양성

가. 창의적 인재 개념

창의성은 1950년 미국심리학협회(The American Psychological Association)의 회장이던 Guilford(1950)가 창의성에 관한 기조연설을 하면서 본격적인 논의가 이루어지기 시작하여, 현재는 다양한 분야에서 연구 및 논의가 전개되고 있다.

창의적인 인재는 창의적인 인성과 더불어 전문지식, 미래 핵심역량을 겸비한 자로 정의할 수 있다. 즉, 열린 마음으로 소통하고 협업하는 인재(세대, 계층, 지역 간)로 벽을 넘어 공간적 소통과 개방적 협업으로 새로운 가치를 창출할 수 있는 인재를 의미한다. 융복합 시대의 창의적인 인재는 자기 전문분야에만 매몰되지 않고 다른 분야의 사람들과 협력해서 일할 수 있는 사람을 의미한다. 창의성에 대한 정의를 살펴보면 다음과 같다.

정범모[34]: 가치적 의미를 추가해 창의력을 "새로운 뜻 있는 것을 만들어내는 힘"

최상덕[35]: 21세기 창의적 인재는 인성, 지식, 핵심역량을 겸비하여
새롭고 가치 있는 아이디어나 산출물을 만들어내는 능
력을 가진 자

이경화[36]: "창의적 산출을 얻기 위해서는 각 개인의 개인적 환경(유
전·가정환경 요인)이 잠재적 기초가 되어 발달된 창의적
능력(지능·사고력·지각)과 창의적 성격(성격·동기)이
상호작용하면서 각 과제영역(문학·예술·수학·과학·
정보통신)에 따라 다양한 창의성을 나타"내야 한다.

이정모[37]: 창의성을 특정 개인의 천재적 특성으로 보는 관점에서
벗어나 일반 사람 모두가 가지는 심적 작용, 즉 인지작
용의 하위개념으로 볼 필요가 있다.

임선하[38]: 창의성은 새로움에 이르게 하는 개인의 사고 관련 특성이다.

Torrance(1977): 곤란한 문제를 인식하고 그것을 해결하기 위하여 아
이디어를 내고, 가설을 세우고, 검증하며, 그 결과를 전
달하는 과정(창의적 과정 강조)

Guilford(1977): 새롭고 신기한 것을 낳는 힘(인지능력 강조)

Taylor(1988): 특정한 목적을 갖고 모인 집단에 의하여 지속적이고
유용하고 만족스러운 것으로 받아들여진 신기한 작품을

---

34) 정범모(2001), 창의력: 그 심리·인물·사회, 교육과학사.

35) 최상덕 외(2011), 21세기 창의적 인재양성을 위한 교육의 미래전략 연구, 연구보고 RR2011-01, 한국교
육개발원.

36) 이경화(2011), 학교 차원의 창의적 인재양성 지표, 21세기 창의적 인재양성 전략, 한국교육개발원 연구자
료 RRM 2011-20.

37) 이정모(2010), 창의성 개념의 재구성, 한국교육개발원 미래교육위원회 발표 원고.

38) 임선하(2002), 창의성 교육의 이론과 적용, 창의성 교육을 위한 초·중·고 교감 연수자료, 대구시교육청.

만들어내는 과정(산출물 강조)

칙센트미하이(Csikszentmihalyi)[39]: '역사를 변화시키는 위대한 창의성(Creativity)'과 '일상생활에서의 창의성(creativity)'으로 구분. 위대한 창의성은 천재와 같이 선천적 요인이나 개인적 특성에 의존하는 반면, 일상적 창의성은 교육을 통해 계발될 수 있다.

크로폴리(Cropley, 1999)[40]: 연관성이 있고 효과적인 새로운 사고의 생산(the production of relevant and effective novel ideas)

〈표 35〉 제 학자의 창의성에 대한 정의

연도	학자	정의
1952	Thurstone	창의성은 새로움이 포함된 개념으로 평범한 이상의 발명이나 천재적 사고만을 지칭하는 것이 아니라 일상생활에서 문제를 해결해나가는 자기 특유의 표현과정을 의미
1956	Guilford	창의적 성격은 창의적인 사람의 특성이고, 발명, 설계, 연구, 작곡, 계획수립과 같은 창의적 행동양태. 창의성을 적성특성으로 간주하고 이 적성특성은 사고의 유창성, 융통성, 독창성, 문제에 대한 민감성, 재정의의 정교화 등의 확산적인 사고능력을 포함하는 것으로 분류하고 이것들이 창의적인 분야에서 가장 명확하고 논리적으로 표현되는 것
1962	Bartlett	창의성은 열린 사고로서 고형적인 것을 타파하고 경험적인 것을 수행하며 인습적이고 고정적인 것을 탈피하고 모험적인 사고로 이루어지는 폭넓은 사고
1962	Mendick	창의성은 특별한 요구상황이나 유용한 방법들에 있어서 연합적인 요소들의 구성과정이며 결합하는 요소들의 거리가 멀수록 문제해결의 과정은 더욱 창의적
1970	De bono	창의성은 수평적 사고로서 창조적인 사고를 길러주며 새로운 사고를 습득하며 기발한 아이디어를 내고 문제를 해결해가는 중요한 역할을 수행

---

39) Csikszentmihalyi, M.(1996), Creativity: Flow and the psychology of discovery and invention, New York: Harper Collins.

40) Cropley, A.(1999), Education. In: M. Runco and S. Pritzker (eds.), Encyclopedia of creativity(vol. 2, pp.629~642), San Diego, CA: Academic Press.

1975	Mednick, Higgns, Kirshenbaum	지능이 아니며 이미 알고 있거나 인지된 요소들의 새로운 결합으로 이 결합이 특정한 목적에 적합하고 동시에 유용성이 있는 것
1963	Barner	창의성은 효과적인 놀라움을 창출하는 과정
1967	Parnes	창의성은 지식, 상상력, 평가와 함수관계에 있으며 사실발견, 문제발견 등 창의적인 문제해결능력
1968	Williams	창의성은 인간의 지능이 깨어 있는 의식적인 활동상태로서의 지식을 포함하며 정신과정이 인지능력과 확산적이고 생산적인 능력 연상적인 능력과 평가행동, 의사소통기능에 기초
1968	Maslow	창의성은 우리의 감정표현이고 이기심 없는 자유감정의 도출로서 그 창출의 성과는 우리 문화 문명의 진보와 보조를 같이함
1979	Peavy	뛰어난 창의성은 좋아하는 환경조건에서 더욱 확산적으로 나타난다는 전제를 두고 창의성을 포함하는 목록은 즐기는 것, 게임을 좋아하는 것 등 창의적인 문제해결과정
1982	Gallaghe	창의성은 문제가 있거나 아이디어가 필요한 곳에서 다양한 생각을 해내는 구상능력
1987	Perkuns	창의적 사고란 창의적 산출물을 낳는 방식으로서 궁극적인 준거는 산출물
1993	Osborn	인간 모두가 갖고 있는 보편적 능력이며 특성으로 일상생활에서 당면하는 제반 사태나 문젯거리를 개인 나름의 새롭고 특유한 방법으로 해결해나가는 것
1994	Person	과거의 익숙한 틀에 맞춰 문제에 접근하기보다는 좀 더 새롭고 넓은 시야를 통해 접근하는 고도의 학습형식
1995	Urban	창의성이란 다차원적 요소들 간의 창의적인 산물
1996	김희진 외	분리된 정신적 재능이 아니라 생각하고, 알고, 선택하는 방식의 통합적 특징
1996	Amabile	창의성은 다양한 요인이 복합적이며 역동적으로 상호작용하여 나타나는 산출물
2000	박영태	창의성은 기존의 것과 같지 않은 독창적인 것을 만들어내는 힘. 둘 이상의 기존 정보를 결합하여 독창적인 정보를 만들어내는 힘
2001	정범모	창의력은 새롭고, 보람 있는 것을 만들어내는 힘
2004	Sternberg	창의성은 문제를 재정의하는 능력, 주어진 가정들에 문제를 제기하고 분석하는 능력, 장애를 극복하려는 의지, 모호함에 대한 인내, 용기 등 11가지의 특성 포함

* 자료: 최상덕(2011), 지식기반 경제에서의 창조형 인재양성을 위한 교육개혁의 방향과 과제, 한국교육개발원

나. 창의성의 구성요소

창의성의 구성요소로 생물학적인 요소, 개인적인 성향, 인지적인 요소, 미시 사회적 및 거시 사회적 환경으로 구분할 수 있다.[41]

〈표 36〉 우반(Urban)의 창의성 구성요소

구분	요소	하위요소
인지적 요소	발산적 사고력	독창성, 정교성, 연결시키는 능력, 재구성력, 재조직력, 유창성, 유통성, 문제 민감성 등
	일반지식과 사고력	메타 인지, 비판적 사고력, 논리적 사고력, 분석적 사고력, 종합력, 기억 연결망, 포괄적 견해
	영역 지식과 기능	영역별 지식과 기능, 전문성
개인적 성향	과제 집착력과 집중력	주제, 대상, 상황, 산출물에 집중하는 능력, 안정적 속도, 지구력, 집착력, 선택하는 능력, 열정 등
	동기유발	새로움에 대한 필요성, 호기심, 지식과 탐구에 대한 욕구, 의사소통, 자기실현화, 헌신, 책무감, 외적 동기, 도구적 이익
	개방성과 모호성에 대한 인내	실험하는 것, 즐기는 것, 위험감수에 대한 적극성, 비추종성, 자율성, 유머, 역행하거나 여유를 가지는 것

생물학적 요소로는 뉴런, 호르몬, 지능, 조절유전자, 뇌 성장, 회백질 반구 및 대내 회백질의 상호작용 등으로 설명된다. 개인적 성향은 모호성에 대한 인내, 위험부담이 높은 일에 대한 도전정신, 희열·만족에 대한 기쁨을 지연할 수 있는 능력 등을 포함하며, 인지적 요소에는 일반지식, 영역지식, 확산적 사고력 등을 예로 들 수 있다.

미시 사회적 환경은 가족, 친지 및 주거환경과 관련되며, 거시 사

---

41) John Dacey and Kathleen Lennon(1998), *Understanding Creativity*, San Francisco: Jossey-Bass Publisher, pp.10~12.

회적 환경으로는 이웃, 직장, 교육, 종교, 종족, 정치적, 경제적, 사회
적 환경이 이에 포함된다.

우반(Urban, 1995)[42]은 창의성의 구성요소로 학습자 특성과 학습환
경과의 관계를 중심으로 창의성 구성요소의 모형을 다음과 같이 제
시하고 있다.

Torrance(1962)[43]는 창의성을 이루는 요소를 크게 인지적 측면과 정
의적 측면으로 세분하여 제시하고 있다. 유창성, 정교성, 독창성, 추
상성, 제한에 대한 저항성을 창의성의 인지적 측면으로, 용기, 호기심,
사고와 판단에서의 독자성, 자신이 하고 있는 일에 대한 몰두, 직관
이용, 사물을 당연한 것으로 받아들이지 않는 것, 직관적 태도, 모험
심을 창의성의 정의적 측면으로 보고 있다.

황혜정(1997)[44]은 창의성을 사고[45]의 기능과 사고의 성향으로 구
분하여 사고의 기능으로 민감성, 유창성, 융통성, 독창성, 정교성과
같은 인지적인 측면을, 사고의 성향으로 자발성, 독자성, 집착성, 호
기심과 같은 정의적인 측면으로 구분하고 있다.

한편 조석희(2003)[46]는 풍부한 사고과정, 지식, 상상력, 평가를 창

---

42) Urban, K. K.(1995), Creativity-A component approach model, A paper presented at the 11th World Conference on the Education for the Gifted and Talented, Hong Kong: July 31-August 4, 1995.

43) Torrance, E. P.(1962), Guiding creative talent, Englewood Cliffs, N J: Prentice-Hall.

44) 황혜정(1997), 아동의 정서행동 문제와 부모의 수용-거부적 양육태도에 관한 연구, 교육심리연구, 11(3), pp.331~350.

45) 창의적 사고에 관한 가장 대표적인 측정 도구는 Torrance Test of Creative Thinking(TTCT)이다(Torrance, 1966, 1974, 1984, 1990, 1998). Torrance가 개발한 도구는 신뢰성과 타당성이 높은 측정도구로 알려져 있다. TTCT는 1966년에 개발되어 1974, 1984, 1990, 1998년 등 네 차례에 걸쳐 업그레이드되었고, 30여 개 국가에서 번역되어 활용되고 있다. 이 외에도 Wallach/Kogan이 개발한 측정도구(Wallach/Kogan, 1965)와 Guilford가 개발한 측정도구(Guilford, 1962, 1967)가창의적 사고를 측정하는 도구로 널리 사용되고 있다.

46) 조석희(2003), 창의적 지식생산자 양성을 위한 영재교육, 한국교육개발원.

의성의 요소로 제시하고 이를 다시 인지적, 정의적 측면으로 구체화하였다. 인지적 측면은 확산적 사고와 활동, 일반적 영역에서의 지식 기반, 특정 영역에서의 지식 기반, 유창성, 융통성, 독창성, 추상성, 정교성, 재정의, 민감성, 제한에 대한 저항성으로 제시하고 있고, 정의적 측면은 애매모호함에 대한 참을성과 개방성, 동기 및 동기화, 과제에 초점 맞추기, 인내심, 새로운 것에 대한 개방성, 위험감수 의지, 자신이나 결정에 대한 확신이라고 제시하고 있다.

다. 대두배경

길포드(Guilford)가 1949년 미국 심리학회에서 행한 연설이 창의력이라는 제목으로 1950년 미국 심리학회지(American Psychologist)에 발표한 이래 현재까지 많은 연구자들은 창의력에 대한 개념과 측정, 창의력 신장 프로그램 개발 등 다양한 연구를 수행해오고 있다.

근래에는 선진국들의 교육과 경제정책의 핵심적인 화두로 창의적 인재양성이 등장하기 시작하였다. 유럽연합은 2009년에 '창의성과 혁신의 해'로 선포하고, 창의성과 혁신이 개인은 물론 사회, 경제발전에 기여함을 강조하기도 하였다.

미국의 경우 1990년대 말부터 21세기에 요구되는 역량(21st Century Skills) 계발을 위한 교육개혁을 적극 추진하고 있으며, 국제연합(UN)은 2010년에 창조산업 분석을 통해 창의성, 지식, 문화, 기술 등이 일자리 창출이나 혁신, 사회통합을 주도한다고 보았다.

1990년대 이후 지식산업이 크게 늘어나면서 '모방형 인재'보다는 '창조형 인재'에 대한 사회경제적인 요구가 급증하기 시작하면서 창의적인 인재에 대한 관심이 고조되었다.

라. 창의성 교육 동향 및 추세

지식의 생명주기가 짧아지면서 창의적 인재양성을 위해 지식위주 교육에서 지식을 찾고 활용할 수 있는 역량중심 교육의 중요성이 부각되고 있다. 이러한 추세에 맞추어 국제학력평가를 역량중심평가로 전환하기 위해 '21세기 역량 평가 및 교육(Assessment and Teaching of 21st Century skills)'이라는 글로벌 프로젝트가 2009년부터 추진되기 시작하였다.

이러한 추세는 협력적 문제해결능력 및 정보문해능력 등 역량을 측정하는 혁신적 평가방법을 개발, 운영하기 위한 것으로 OECD의 PISA나 국제교육협회(TIMSS) 등 국제학력평가에도 반영할 예정이다.

다음으로 융복합 과학기술의 발전을 들 수 있다. 융복합 기술로는 나노기술(NT), 생명공학기술(BT), 정보기술(IT), 인지과학(Cognitive science) 등 4대 분야(NBIC)가 상호 의존적으로 결합되는 것으로 융복합 기술의 발전은 인간 마음에 대한 연구와 뇌 과학과의 융합, 각종 지식·학문의 융합과 비선형 과학(복잡계 이론과 같이 선형적 인과법칙을 따르지 않는 과학)의 발전, 그들로 인해 촉발되는 산업·기술 융합의 대두 등으로 많은 사회적 변화를 야기할 것으로 전망된다.

융복합 과학기술의 발전은 융복합 학문 분야의 발전과 융복합 교육(STEAM: Science, Technology, Engineering, Art and Mathematics)의 중요성이 대두되고 있다. 융복합 시대의 전문가 모습은 자기 전문분야에만 매몰되지 않고 다른 분야의 사람들과 협력해서 일할 수 있는 자로 정의된다.

예술, 문화 등의 영역을 교과영역에 포함 내지는 가져와 창의적인 교육을 시도하려는 노력들이 등장하고 있다. UNESCO와 같은 국제기구의 프로젝트 연구들과 예술교육이 가져오는 교육적 효과에 대한 연구가 늘어나면서 각국 정부는 교과과정을 융통적이고 복합적인 학습영역으로 재구성하고 좀 더 다양한 프로그램 개발을 통해 누구나 창의성을 키울 수 있는 교육을 추구하고자 노력하고 있다.

이명박 정부에서도 창의성 교육에 대한 중요성을 인지하고 지속적으로 노력해오고 있다. 학교 교육과정과 학교 교육활동 전반에서 창의성과 인성을 강조하는 창의·인성 교육정책이 그것이다. 2009 개정 교육과정, 입학사정관제 등에 따라 교과 위주, 점수 위주의 교육에서 창의성과 인성을 충실히 교육할 수 있는 여건 마련을 위해 다양한 정책을 추진하고 있다.

2009 개정 교육과정 총론에서 창의성, 창의적 인재의 강조, 창의성 교육정책을 강화하고, 창의와 배려의 조화를 통한 인재육성을 목표로 한 '창의·인성교육 기본방안'(2010)을 다음과 같이 발표하였다.

첫째, 유아단계의 창의·인성교육 내실화

둘째, 초·중등 교과활동에서의 창의·인성교육 강화

셋째, 초·중등 창의적 체험활동의 확대 및 내실 있는 운영

넷째, 지역사회·기업 등과 연계한 창의·인성교육 추진

다섯째, 창의적 체험활동 프로그램 개발·보급 체제구축

여섯째, 창의·인성교육을 담당할 교수·지원 인력 확보

일곱째, 창의성과 인성을 중시하는 학교·사회 문화 조성

지금까지의 창의성 교육이 수학, 과학, 예술, 체육, 문학 등의 소수의 재능이 있는 학생들을 대상으로 하는 소극적인 엘리트 교육의 개

념이라면 앞으로의 창의성 교육은 '모든 학생을 대상으로 한 모든 학
생을 위한 교육'이 되어야 하며, 학교 교육과정 안에서 바람직한 인
성교육과의 연계 방안을 모색하며 창의성과 인성을 동시에 함양하는
교육으로 발전해나가야 할 것이다.

:: 한국의 창의체험 자원지도(CRM) ::

■ 창의체험 자원 지도(CRM: Creative activity Resouce Map*)
○ 2009 개정 교육과정 중 '창의적 체험활동' 및 주5일 수업제 도입에 따른 학생 체험활동
  이 효과적으로 수행될 수 있도록 관련 정보를 제공
○ 지역 체험활동 프로그램과 자원을 데이터베이스화하여 자료를 탑재하고 검색기능을 제공
○ 시·도교육청, 관련 부처, 교육지원청, 학교, 비영리기관의 창의체험활동 담당자들이 자
  원**과 프로그램을 등록
* CRM의 정의: 창의·인성 교육넷에 탑재된 자원과 체험프로그램을 통칭
** 자원: 전시공연시설, 행정의료복지시설, 기업·산업체, 연구시설, 체험시설, 문화재 등

■ CRM 사이트(www.crezone.net) 개요
○ 창의체험통합 정보넷(2010.8~2011.2)을 시범 운영한 후 개편(2011.2)
○ 구성: 교과활동, 창의적 체험활동, 교육기부, 주5일 수업제, 커뮤니티로 구성
- 교과활동: 창의·인성교육 수업모델, 수업지도안, 교사 연수 자료
- 주5일 수업제: 토요 프로그램을 지역, 제목, 내용별로 분류하여 프로그램 안내
- 교육기부: 개인, 기관(기업, 대학, 공공기관, 부처)의 프로그램 소개

02

융복합형 창의인재 양성을 위한 교육전략

가. 학교에서 집단적 창의성 교육을 위한 팀프로젝트 수업

프로젝트 학습법[47]은 한 가지 주제를 일정 기간 학습하며 그 주제가 탐구할 가치가 있는지, 또는 학습자가 주제에 대하여 내놓은 생각이 가치가 있는지를 평가하고 적절한 대안을 선택하여 실행에 옮기는 일련의 과정으로 진행된다.

이 과정의 학습을 통해 창의적인 민감성과 탐구력 등이 자연스럽게 신장될 수 있다.

팀프로젝트 수업은 개인 또는 그룹 단위로 문제를 해결하는 과정에서 기존의 산출물에 자신의 생각을 결합시켜 새롭고 가치 있는 산출물을 양산하는 수업방식으로 정해진 답을 찾기보다는 문제를 분석

---

47) 20세기 초 kilpatrick이 강조한 방법으로 목적적 행동 및 학습자의 욕구, 관심, 흥미와 관련되어 있다. 프로젝트법은 교실에서의 형식적이고 추상적인 수업에서 벗어나, 사회적으로 승인된 실제적 행동을 제공함으로써, 지적, 창의적, 신체적 활동을 신장시킨다. 이 기법은 주제와 실시방법을 학생들이 선택할 수 있다는 특징이 있다.

교육단계	내용	세부내용
Issue-Posting	교육을 통한 문제제기	강의 20% 이내
Collaboration	조별 토의를 통한 아이디어 도출	열린토론, 인터넷 70% -> 집단창조성
Elaboration	발표 전문가 평가 및 피드백	발표와 상호평가 10%
Mentoring	다음 단계를 위한 발전방안 모색	멘토링을 통한 지속적 발전

* 자료: 이민화(2011), 21세기 기업의 인재상과 창의적 인재양성 산·학 파트너십 구축 전략, 21세기 창의적 인재양성 전략, 한국교육개발원 연구자료 RRM 2011-20

〈그림 30〉 팀프로젝트 수업절차

하고 문제해결을 위한 여러 생각 및 논리적 근거를 연계해서 일관되게 제시한다는 점에서 비판적이고 통합적인 사고력을 극대화할 수 있다.

연구결과를 발표하고 토론하는 과정에서 자신의 견해를 논리적이고 설득력 있게 표현하려 하고 남의 말을 경청하게 됨으로써 의사소통하고 협동하는 능력을 키우는 집단적 학습(social learning)이 가능하게 된다. 최근에는 집단 창의성이라는 개념이 부각되고 있고, 집단 창의성이란 혼자서만 성취하는 결과가 아니라 여럿이 함께 이루어 나가는 새로운 가치창출 능력이라는 의미가 내재되어 있다.

학생 스스로 만든 문제나 교사가 제공한 문제를 해결하는 과정 또는 그 결과로 문제해결력과 창의력이 발휘되고 개발될 수 있다. 일반적인 프로젝트 학습에 대한 절차는 아래와 같다.

(1) 목표설정(purposing): 학습자 스스로가 당면한 실천적 문제의 해

결에 대한 동기의 유발을 지니고 자신의 필요에 의해 프로젝트를 선택하도록 한다.

(2) 계획수립(plaining): 프로젝트의 성패는 계획의 신중과 정밀도의 정도에 좌우되기 때문에 실천에 옮길 수 있는 계획을 세우도록 지도한다.

(3) 실행하기(executing): 수립한 계획을 실천하는 단계로서 가장 흥미 있고 활기찬 단계가 된다. 교사는 학습자들이 좌절되지 않도록 필요한 자료를 제공하고, 안내를 하며, 세심하게 지도한다.

(4) 비판하기(judging): 완성된 작업에 대하여 그 가치를 비판한다. 개인 프로젝트에서는 자기 스스로 비판, 평가할 수 있도록 지도하되 전시, 보고, 요약의 형태로 제시하도록 한다. 집단일 경우 집단별 발표와 보고를 통해 비판이 이루어지도록 한다.

나. 창의적 문제해결 수업

창의성의 발현은 창의적 사고과정, 즉 창의적 문제해결 과정에서 극대화된다고 할 수 있다. 창의적 사고과정이란 문제를 발견하고, 문제해결을 위한 전략을 세우며, 이와 관련된 지식을 비교하고 재구성하여 해결책을 내놓는 단계로 진행되는 것을 말한다. 창의적 문제해결 과정에서 핵심 메커니즘은 기존의 관련 정보와 지식들을 새로운 시각에서 재구성하는 작업이라고 할 수 있다.[48]

창의적 문제해결력의 핵심요소들을 살펴보면 다음과 같다.

---

48) 성은현(2010), 제2차 미래교육공동체포럼 자료집.

인지적 측면		인성적 측면		
■ 수렴적 사고: 논리, 분석, 추론 능력 등 ■ 확산적 사고: 유창성, 독창성, 융통성 등 ■ 상위 인지능력: 전략적, 비판적 사고 ■ 영역 특수지식: 특정 분야의 전문지식	⇔	■ 호기심 ■ 모험심·도전정신 ■ 개방성 ■ 인내심 ■ 독립성	⇒	창의적 문제해결력

〈그림 31〉 창의적 문제해결력의 핵심요소

창의적 문제해결력을 키우는 대표적 사례는 연구(research)를 수행하도록 하는 것이라고 할 수 있다.[49] 연구수행 과정에서 학생은 새로운 연구문제와 가설을 설정하고 이를 검증하기 위해 비판적으로 사고하며 기존의 지식과 정보들을 재구성하여 새롭고 유용한 해결책을 제시할 수 있기 때문이다.

다시 말해 문제에 대한 답을 찾거나 기존의 정보나 지식을 단순히 적용하기보다는 새로운 문제를 발견하고 문제해결을 위한 전략을 세워 관련된 지식을 새로운 관점에서 재구성함으로써 해결책을 찾는다는 점에서 전략적이고 비판적 사고능력이 극대화될 수 있다. 구체적 수업방법 사례로는 학생주도적 문제발견과 문제해결의 프로젝트 수업 또는 토론식 수업 등을 들 수 있다.

창의적 문제해결 모형은 개인 및 집단의 창의력을 증가시키기 위해서 창안된 모형으로 예술뿐만 아니라 과학과 같은 모든 교육과정 영역에서 학생들에게 적용할 수 있다.

창의적 문제해결 모형에는 두 가지가 있다.[50] 모형 1은 학습자들이 일상생활에서 친숙한 것을 낯설게 보도록 지원하는 것으로 창작능력

---

49) 김미숙(2010), 창의적 인재양성을 위한 교육 실제, 한국교육개발원 제6차 콜로키움 발표자료.

50) 서로 관련 없는 요소들 간의 결합을 의미하는 시네틱스(Synectics)는 Gordon에 의해 개발된 사고 기법이다.

의 개발과 특정개념에 대한 설명문 작성, 사회적이고 학문적인 문제
탐색에 효과적이다.

모형 2는 낯선 것을 친숙하게 할 수 있도록 창안된 것으로 문제를
분석하고 새로운 접근방법을 제시하기 위하여 새로운 방식으로 문제
를 개념화하는 모형이다.

첫째, 새로운 것을 창조하기 위한 수업단계(모형 1)

단계 1: 현재 상황의 기술로 학습자들에게 현재의 상황이나 주제를
그들이 현재 이해한 방식대로 서술하게 한다.

단계 2: 직접적인 비유로 학습자들이 직접적인 비유를 제시하고 하
나를 선택하여 이를 보다 더 탐색, 기술하게 한다.

단계 3: 개인적 비유로 학습자들은 그들이 절차 2에서 선택한 비유
가 된다.

단계 4: 압축된 갈등단계로 학습자들은 절차 2와 3에서 서술한 것
들을 택하고, 압축된 갈등을 몇 개 제시하고 하나를 택하
게 한다.

단계 5: 직접적인 비유로 학습자들은 압축된 갈등에 기초하여 다른
직접적 비유를 하고 선택한다.

단계 6: 최초의 과제를 재검토. 최초의 과제 또는 문제로 되돌아가
서 마지막 비유를 하게 하고 모든 창조적 문제해결 경험을
하게 한다.

둘째, 낯선 것을 친숙하게 하는 수업단계(모형 2)

단계 1: 실제적인 것의 투입. 새로운 주제에 관한 제반적인 정보를

제공한다.

단계 2: 직접적인 비유. 직접적인 비유를 제시하고 이를 학습자들
이 설명하도록 요구한다.

단계 3: 개인적인 비유. 학습자들이 직접적 비유가 되게 한다.

단계 4: 비유의 비교. 학습자들은 새로운 자료와 직접적인 비유 간
의 유사성을 지적하고 설명한다.

단계 5: 차이점의 설명. 학습자들은 비유가 적합하지 않은 것을 설
명한다.

단계 6: 탐색

단계 7: 비유의 도출. 학습자들은 자기 자신의 직접적인 비유를 제
시하고 유사점과 차이점을 탐색한다.

창의적 문제해결과 더불어 원격 연합이론에 의하면 독창적인 아이
디어의 생산은 둘 또는 그 이상의 아이디어가 연계됨으로써 나타나
는데 그 아이디어들 간의 관계적 거리가 멀수록 독창적인 아이디어
가 생산될 가능성은 높아진다. 다시 말해 생소하거나 서로 다른 아이
디어들끼리 연계될 때 독창적인 아이디어가 나올 가능성은 높아진다
는 것이다. Isaksen과 Treffinger(1987)가 제시하는 창의적 문제해결 모
형은 다음과 같다.

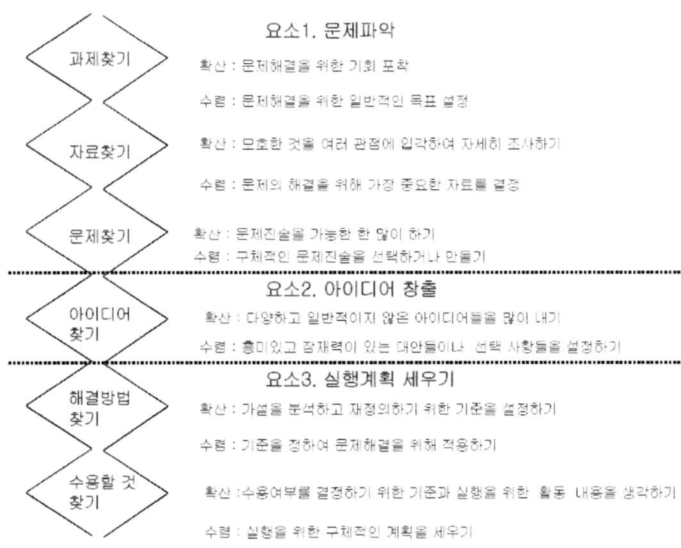

〈그림 32〉 Isaksen과 Treffinger의 창의적 문제해결 모형

창의성 계발교육을 잘 실천하기 위해서는[51] 기초지식의 기반을 구축하고 호기심, 상상력, 탐구력, 문제해결력, 사고력을 고무하는 교수학습 방법을 적용해야 한다. 개별학습자의 성취의욕을 높이고 즐거움을 느끼게 하는 내외적 동기유발을 촉진하는 수업방법을 적용해야 한다. 이러한 교수방법은 학생들이 자율적으로 학습을 주도해가도록 허용하며, 학습과제에 집착하고 몰두하거나 긴장과 두려움 없이 여유를 가지고 학습에 참여할 수 있는 자유스럽고 즐거운 분위기를 조성해야 한다.

창의성 수업은 교사에 의한 일방 주도의 집체, 강의식 수업보다는 학생 중심의 발견 및 탐구, 토론 수업을 지향해야 된다. 창의성 수업

---

51) 서혜애(2001), 창의성 계발을 위한 교육전략 연구, 한국교육개발원.

을 통해 양성하고자 하는 창의적 인재는 암기와 계산에 능한 모방형 인재가 아니라 확산적 사고와 수렴적 사고를 통해 새롭고, 독특하며, 유용한 것을 만들어내는 창조형 인재이다.

다. 한국의 영재 수월성 교육프로그램 운영

학부생 연구프로그램 운영(URP: Undergraduate Research Program)으로 이는 학사과정 학생들에게 창의적 연구경험을 제공하기 위한 학부생 참여 연구프로그램으로 교수나 조교, 학부학생(2~3명)으로 연구팀을 구성하여 6개월에서 1년간 연구를 수행하는 프로그램이다.

아너스 프로그램(Honors Program)은 학업능력이 우수하거나 성취동기가 높은 학생들에게 도전적이고 차별화된 교육기회를 제공하는 프로그램으로 세미나, 개인연구, 인턴십 등 대학에서 수월성을 추구하는 프로그램이 있다.

평준화 정책과 수월성 교육과의 조화로 고등학교에서의 교육성과를 제고하기 위해 영재학교(2003), 과학고(1983), 외국어고(1992), 국제고(1998), 특성화고(1998) 등 고등학교의 유형을 확대하고 있다.

라. ATC21S 프로젝트에서 제시하는 협력적 문제해결력 평가요소

EU를 비롯한 선진국은 물론 글로벌 기업들은 최근 특히 미래사회에서 요구되는 핵심역량에 대해 높은 관심을 갖고 연구에 많은 투자를 해오고 있다.

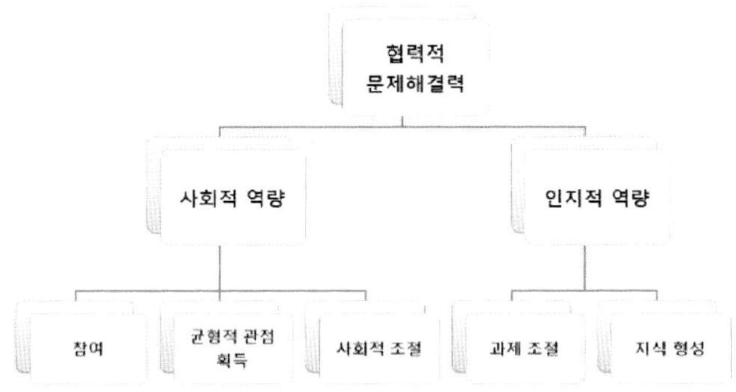

〈그림 33〉 ATC21S의 협력적 문제해결력 평가요소

시스코나 마이크로소프트, 인텔과 같은 글로벌 기업들이 후원하고 호주, 핀란드 등 여러 국가들이 참여한 가운데 '21세기 역량의 평가와 교육(ATC21S: Assessment and Teaching of 21st-Century Skills) 프로젝트'가 있다.

이 프로젝트는 21세기 미래사회에서 요구되는 핵심역량을 측정할 수 있는 평가방법을 개발하여 아래와 같이 제시하고 있다.

마. 영국의 창의교육 파트너십 프로그램[52]과 '미래를 위한 학교건설' 프로젝트

창의교육 파트너십 활동은 수학과 언어교육에 치중한 교과과정에서 탈피하여 일과 노동의 세계에서 적응력을 높이기 위한 새로운 교육방법이다. 2002년에 창의교육 기회를 넓히려고 시작된 활동들이

---

52) 최상덕 외(2011), 21세기 창의적 인재양성을 위한 교육의 미래전략 연구, 연구보고 RR2011-01, 한국교육개발원.

2004년에는 더 많은 지역으로 그 활동영역을 넓혀가고 있다.

창의교육 파트너십은 창의·문화·교육 프로그램(Creative, Culture and Education's programmes)이라고도 하는데 창의적인 아티스트들(화가, 예술가, 연극인, 건축가, 미디어 종사자 등)과 학교와의 관계를 네트워킹하고 지원한다.

여기에는 가장 유명한 로열 오페라단부터 지역 아티스트들까지 매우 다양한 단체와 개인이 참여하고 있다. 가르치는 일이 근본적으로는 창의적인 일로 교사에게는 다양한 방법을 모색하는 것이 어렵고 복잡한 일이 될 수 있지만 창의적인 해결방안을 모색하는 것에 익숙한 창작활동을 하는 예술가들을 교사와 짝지어 주면 그들이 창의성을 발휘하며 협력하는 새로운 방법의 교수학습이 이루어질 수 있다.

창의적인 교육을 위하여 교육에 디자인 요소를 도입하자는 프로젝트가 바로 영국의 미래를 위한 학교건설이다. 오래된 역사를 자랑하는 영국의 경우, 200여 년 가까이 전혀 변하지 않는 학습환경이 학생들의 집중력과 의욕을 저하시킬 뿐만 아니라 교사들의 창의적인 능력도 저하시킨다고 보았다.

이러한 문제점을 발견하고 적극적으로 해결하기 위하여 학교, 지역사회, 디자이너, 건축회사, 국가 등이 힘을 합쳐 15년 계획으로 3,500개 학교를 재건축하거나 재정비할 계획으로 부드럽고 유연성 있는 민주주의적인 학습환경을 조성함으로써 학생들의 학업성적과 교사들의 창의성을 높이고자 한다.

이처럼 디자인은 인간생활의 문제를 창조적으로 해결하는 도구이자 방법이며, 생각을 사용 가능하게 하는 실천력으로 보았던 것이다. 이를 통해 많은 사람들이 더 나은 생활을 할 수 있도록 노력하고 있다. 결국 좋은 디자인은 좋은 생활과 사회를 만든다고 보았다.

일찍이 초·중·고 12년 동안 디자인 과목을 정규 교과목으로 교육하고 있는 영국은 매년 6만 2천여 명에 이르는 디자인 전공 졸업생을 배출해오고 있다. 이러한 디자인 인력교육과 배출에 따라 영국 디자인 관련 기업들의 매출도 2005년 기준 10조 6천억 원에 이르는 등 영국의 창조산업을 이끄는 원동력으로 작용하고 있다.

03

페르미 추정

페르미 추정은 원자력의 아버지로 불리며 노벨물리학상을 수상한 엔리코 페르미(Enrico Fermi, 1901~1954)가 물리량 추정에 뛰어났고 학생들에게 독특한 문제를 냈다고 하여 붙여진 이름이다. 페르미 추정은 노벨상을 수상한 물리학자 페르미 박사가 학생들의 사고력을 시험하는 문제를 출제하여 훈련한 것에서 시작되었다.

'골프공 표면 구멍의 개수는 몇 개일까?'(구글 코리아 입사문제, 108개)와 같이 답이 명확하지 않은 문제를 '페르미 추정'이라 한다. 페르미 추정의 문제들은 일반적으로 정답이 없다. 원래 알고 있는 지식이 아닌 문제를 해결하는 방식과 생각의 힘을 묻는 것이다.

세계에서 하루 동안 소비되는 피자는 몇 판일까? 태평양의 물은 몇 리터일까? 우리나라의 전봇대는 모두 몇 개나 될까? 지구 밖 은하계에서 생명체를 만날 확률은 얼마일까? 모두 단번에 대답하기 어렵고 황당하기까지 한 문제들이다.

이런 문제들에 대해 추정논법을 사용해 단시간에 대략적인 답을 생각해내는 방법을 '페르미 추정'이라고 한다. 페르미는 시카고대학 물리학 수업의 학생들에게 황당한 질문을 자주 했다. 그중 하나가 "시카고에 피아노 조율사는 몇 명 있을까?"였다. 단순 암기법에 익숙한 학생들이나 피아노를 못 치는 학생들은 문제풀기를 아예 포기했다. 페르미가 강조한 것은 제한된 시간과 부족한 자료 속에서도 생각의 힘만으로 알아내는 것이었다. 페르미 추정과정은 다음과 같다.

시카고에 약 300만 명이 살고 1가구는 평균 3명으로 구성되어 있기에, 시카고에는 100만 가구가 산다. 피아노 보유율을 10%로 잡으면 10만 가구가 피아노를 갖는다. 1가구당 1대의 피아노를 보유하면 10만 대의 피아노가 있다. 피아노 조율을 1년에 1번 하는 것으로 가정한다.

이제 문제해결을 위해 남은 것은 피아노 조율사의 하루 동안 조율 횟수이다. 이동시간을 포함해 조율사가 피아노 한 대를 조율하는 데는 2시간이 걸린다고 하자. 하루 8시간 일하는 조율사는 하루 4대의 피아노를 조율한다. 조율사가 주 5일 근무하고 1년에 50주 동안 일한다고 생각하면, 4대×5일×50주가 되어 조율사가 1년 동안 조율하는 피아노는 1,000대이다. 결국 시카고에는 100명의 피아노 조율사가 있다.

실험에는 두 가지 결과가 있다.
만약 결과가 가설과 일치한다면 당신은
무엇인가를 계측한 것이다. 만약 결과가
가설과 다르다면 당신은 무엇인가를 발견
한 것이다.

페르미 추정은 어림셈을 근처에 있는 봉투 뒷면에 간단히 계산해
본다는 뜻에서 '봉투 뒷면 계산'이라고도 불린다. 페르미 추정은 본격
적으로 정확한 수치를 구하기보다는 대략적인 자릿수를 산출하는 데
무게를 더 둔다. 페르미 문제는 출제자 자신도 정답을 모른다. 해답이
없다. 페르미 문제에서 페르미가 강조했던 것은 생각의 힘만으로 답
을 찾아가는 과정이었다. 이런 교육효과로 페르미는 6대의 사제관계
에 걸쳐 노벨상 수상자를 배출하기도 하였다.

현재 페르미 문제는 생각의 힘이 강한 인재를 뽑으려는 기업의 신
입사원 면접과 교육기관의 영재선발 문제에 자주 쓰인다. 각국의 정
상들을 한 자리에 모아 회의를 개최했을 때 지역경제에 미치는 파급
효과를 계산하거나, 대형 스포츠 대회를 유치했을 때 생기는 경제효
과를 산출할 때에도 페르미 추정이 사용된다.

페르미 추정은 자료가 부족하고, 불확실성이 높고, 새로운 비즈니

스를 추진하는 상황에서 특히 유용하다. 하나의 예를 더 살펴보자. 우리나라 개 사료의 1년 매출액은 어느 정도일까?

우리나라 전체인구는 4,800만 명이고, 한 가구당 인구수를 3명으로 잡으면 1,600만 가구가 있다. 10가구 중 1가구에 개가 있다고 가정한다. 160만 마리의 개가 하루에 3끼를 먹고 한 끼니에 2kg을 먹는다고 하자. 우리나라의 개가 1년간 먹는 사료의 양은 160만 마리×6kg×365일로서 약 3억 5,000kg이다. 개 사료 1kg당 1,000원이라 가정하면 3,500억 원이라는 계산이 나온다. 보조자료를 활용해 보다 정확한 수치를 대입하면 보다 정확한 추정이 가능하다.

완벽한 답을 구하느라 가만히 있는 것보다 어느 정도 어림을 잡은 후에 치밀한 계산으로 들어가는 것이 더 낫다. 문제해결자는 페르미 추정을 하는 과정에서 문제에 대한 이해를 높이게 된다. 단절의 시대에 페르미 추정의 적용가능성이 더욱 커지고 있다. 더불어 이와 유사한 '지두력'이라는 사고력 학습이 최근 일본에서 관심을 모으고 있다.

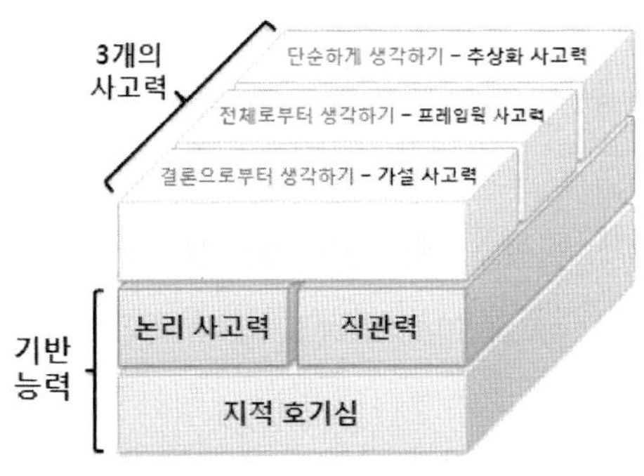

〈그림 34〉 지두력 구성요소

이 사고력은 호소야 이사오(細谷功)가 '私の勉強法(나의 공부법)'으로 소개한 것이 바로 '지두력'이다. 호소야의 '지두력'은 3개의 계층구조로 되어 있다고 설명한다. 즉, 매사에 지적 호기심을 갖는 태도와 논리적 사고습관, 직관력의 함양은 기본소양에 해당한다. 이를 바탕으로 문제를 향해 세 방향에서 접근해 들어가는 사고능력를 강조한다.

추상화 사고는 문제의 본질을 단순화시켜서 접근하는 사고능력이다. 달리 말해 일종의 작은 모델을 만들어 사고의 기반으로 삼는 것이다. 이처럼 어떤 문제를 단순한 형태로 추상화시켜 바라보면, 다른 문제들과의 공통점도 찾아낼 수 있다. 이것은 다른 문제를 푸는 데 사용했던 노하우와 지식을 접목시킬 수 있는 토대가 된다.

또한 어려운 문제의 본질을 비유를 통해 다른 사람들에게 보다 쉽고 직관적으로 전달할 수 있게 된다. 물론 문제마다 특수성이 있기 때문에 하나의 추상화된 모델이 만능 해결사가 될 리는 없다는 점은 항상 주의해야 한다.

프레임웍 사고는 자신만의 편견을 떨쳐버리고 전체적인 관점에서 문제를 바라보는 사고능력이다. 처음에 열거한 몇 가지 페르미 문제들 가운데에는 자신이 알고 있는 세부지식과 밀접한 관계가 있을 수도 있다.

피아노 영업사원은 아니더라도 평소에 피아노를 즐겨 쳤을 수도 있고, KTX 승무원은 아니더라도 KTX를 자주 타고 다니면서 커피도 많이 사 마셨을 수도 있다. 그러나 이것이 전체적 문제해결에 역작용을 일으키는 경우도 많다. 내가 관심을 가지고 있는 분야라는 생각에 사로잡혀 자신만의 편견을 끝까지 고집하는 경우도 왕왕 있기 때문이다.

가설적 사고는 가상의 결론(가설)부터 내려놓고 자꾸 검정을 반복하여 문제에 접근해가는 사고능력이다. 흔히 많은 정보에 파묻혀 연역적으로는 해결방향 설정이 제대로 되지 않을 때 유용하다. 좀처럼 해결의 돌파구가 보이지 않을 때 처음 설정한 가설은 당연히 모호하고 틀렸을 가능성도 높다. 그러나 하나의 가설은 작게나마 사고의 물꼬를 틔워놓는 역할을 한다. 이후 문제해결에서 비판적 사고의 끈을 놓지 않고 자꾸 가설과 풀이 과정을 반복하다 보면 가설은 점점 더 정교해지며 해답에 가까워진다.

04

정주영 회장의 창의적 문제접근

　1980년대 초 정 회장은 바다를 메워 옥토를 만드는 대규모 간척사업에 착수했다. 서산 앞바다는 조수간만의 차가 워낙 커서 20만t 이상의 돌을 구입해 매립해야만 물막이가 가능한 곳이다. 총연장 6.4㎞의 방조제 공사에 마지막으로 남았던 270m의 물막이가 난제로 떠올랐다.

　초당 8m의 무서운 속도의 급류가 공사의 완공을 지연시키고 있었다. 이때 정 회장은 고철로 쓰려고 울산에 정박시켜 놓았던 23만t급 폐

유조선을 이용하여 폐유조선의 탱크 속에 바닷물을 채우고 가라앉혀 물의 흐름을 막은 다음 중장비를 동원하여 바위덩어리를 쏟아 부었다.

이 공법으로 절약된 공사비만 290억 원에 달했고, 사용된 폐유조선은 고철로 재활용하였고, 서울 여의도 면적의 33배에 달하는 4,700만 평의 국토를 추가하게 되었다.

정 회장이 시행한 이 공법은 '유조선 공법', '정주영 공법' 등으로 뉴스위크지와 뉴욕타임스에 소개까지 되었다. 정 회장의 창의적이고 독특한 사업 마인드와 관련된 또 다른 일화를 하나 더 살펴보자.

1952년 12월 부산에 있는 유엔군 묘지를 관리하던 미군은 묘지 단장 공사를 위해 여러 건설회사 사장들에게 공사에 입찰할 것을 요구했다. 묘지 단장 공사는 그렇게 어려운 공사는 아니었지만 미군 측은 한겨울에 파란 잔디를 깔아줄 것을 요구했다. 모든 건설회사 사장들은 한겨울에 파란 잔디를 구한다는 것은 불가능하다며 묘지 단장 공사를 포기하고 돌아갔다. 그때 현대건설의 정주영 회장은 미군 장교에게 찾아가 왜 파란 잔디를 주문하느냐고 물었다. 미군 장교의 설명은 이랬다. 묘지 단장을 하는 이유는 당시 미국의 아이젠하워 대통령이 한국에 와서 부산에 있는 유엔군 묘지를 방문할 예정인데, 엄동설한에 황량한 묘지를 대통령에게 선뜻 보여주고 싶지가 않다는 것이었다. 대통령에게 최대한의 예의를 갖추기 위해 미군은 건설회사 사장들에게 묘지를 파란 잔디로 단장해달라는 황당한 주문을 했던 것이다.

당시 젊은 정주영 회장은 대통령이 지나가면서 보기에 풀만 파랗게 나 있으면 되는 것 아니냐고 물었다. 물론 그러면 된다고 미군 장교가 이야기하자, 정 회장은 보리밭에서 새파랗게 자라는 보리를 수십 트럭 옮겨 심어 묘지를 녹색바다로 만들었다. 잔디는 아니었어도 분명 황량했던 묘지는 파랗게 변해 있었다. 미군은 놀라움을 금치 못했고 이후 미8군 공사는 모두 젊은 정 회장의 몫이 되었다.

:: 창의적인 발명인재의 경제발전 기여 사례 ::

□ 미국 마이크로소프트사의 빌 게이츠 전 회장
○ 1995년 8월 '윈도 95'를 출시해 PC 운영체제를 일반 대중에게 보급하면서 사람들의 생활 및 업무방식의 획기적인 변화를 초래
○ 2008년에는 604억 달러 매출, 78개 국가에서 약 9만여 명에게 일자리 제공하였으며, 지난 10여 년간 미국의 IT산업을 견인한 것으로 평가
○ 2000년도에는 출자금 330억 달러로 자선단체인 '빌과 멜린다 게이츠재단'을 설립하여 질병퇴치 등 제3세계 빈민구호 활동에 전념

□ 미국 Google사의 창업자 세르게이 브린과 래리 페이지
○ 1998년 작은 창고에서 창업하여, 10년 후인 2007년 166억 달러 매출, 20개 국가에서 약 17,000여 명을 고용한 세계적 IT기업으로 성장
○ Google은 기술력과 참신한 아이디어로 세계 최대 검색엔진으로 성장
○ 테마사무실, 이발소와 안마시설, 주5일 중 하루는 직원이 원하는 일을 하는 '20% 원칙' 등 펀(fun) 경영의 선도기업으로 주목

□ 2002년 노벨화학상 수상자, 다나카 고이치
○ 민간기업(시마즈 제작소) 연구원으로서 세계 2번째로 노벨화학상 수상(2002)
○ 다나카가 발명한 질량분석법 등은 단백질 구조를 밝혀내기 위해 사용되는 기술로 신약개발 등 의학연구에 크게 기여한 것으로 평가
○ 당시 다나카의 노벨상 수상은 경기침체로 우울한 일본 사회에 신선한 충격을 주고 일본 기업에 활력을 불어넣어 준 것으로 평가

□ 보안솔루션 1등 기업 '안철수 연구소' 창업자 안철수
○ 창립 이후 지속적인 기술개발과 혁신경영으로 국내외 보안업계 선두주자로 발전시키면서 한국 사회에 벤처기업의 성장 가능성과 모델을 제시
* 2007년: 563억 매출액에 순이익 166억 달성(매출액 대비 순이익은 29.5%)
○ 이러한 안철수의 활동에 대하여 국내외 언론은 안철수와 '안철수 연구소'를 세계적인 경영자와 기업으로 평가
* 2007년: 아시아태평양 200대 베스트 중소기업에 선정(포브스 아시아)
* 2005년: Creative Manager's 선정(대만 Business Next, 세계글로벌리더 100인 선정)

창의성의 핵심동력 '전두엽'

　뇌에 대한 이해를 통해 창의성의 발현양상에 대해 알아보자. 뇌 기능을 통해 인간의 잠재력과 창의성의 원천을 이해할 수 있다. 인간의 뇌는 좌뇌와 우뇌로 크게 양분된다. 좌뇌는 언어능력, 수리능력, 이성적 판단, 추리능력 등을 지배하고, 우뇌는 직관능력, 추상적, 감성적 기능, 통합능력 등을 지배하며 좌뇌와 우뇌는 상호 유기적으로 연결되어 통합체계로 활동한다. 그래서 창의성의 교육방식은 어느 한쪽 부분의 뇌를 발달시킨다고 고양되지는 않는다. 좌뇌와 우뇌 모두를 계발해야 지능이 발달하고 창의성 또한 길러지게 된다.

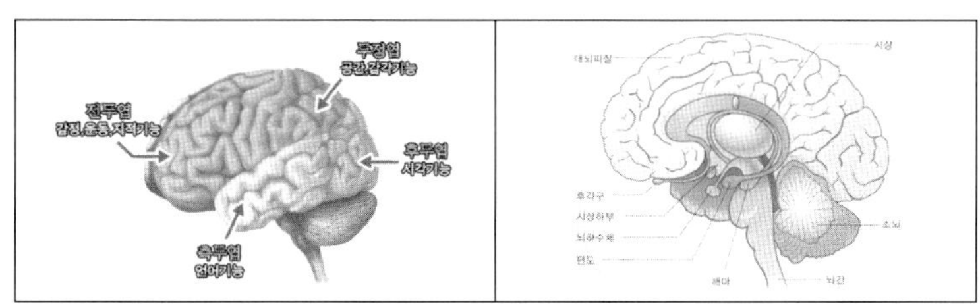

〈그림 35〉 뇌 구조

뇌 교육(brain education) 또는 뇌 기반 학습이 현재 주목을 받고 있다. 인간의 뇌를 대상으로 한 연구는 방법상의 어려움으로 인해 동물실험이나 사후연구 등의 간접연구를 통해 이루어져 왔으나, 최근에 이르러 MRI(Magnetic Resonance Imaging), PET(Positron Emission Toopography) 등 컴퓨터를 이용한 영상촬영기법이 발달하여 뇌 연구의 급속한 발달을 촉진하고 있다.[53]

이렇게 축적되어 온 뇌 연구결과들은 주의집중, 학습과 기억, 사고력, 창의력 등의 교육개념을 재정립하거나 교육에서의 문제해결방법을 찾는 데에 도움을 준다. 또한 뇌의 인지기능 및 구조에 대한 과학적인 이해를 바탕으로 학습자의 뇌를 효율적으로 활용할 수 있는 적절한 교수학습 환경을 디자인하는 뇌 기반 학습(Brain-based learning)을 발전시키는 중요한 역할을 한다.[54]

인간의 뇌는 1천억 개의 뇌세포와 100조 개의 시냅스들로 구성되어 있다. 이들이 생성해내는 신경 네트워크도(Network) 끝없이 더불어 성장해간다.

뇌는 1,300~1,400g의 무게로 그중에서 물이 78%, 지방이 10%, 단백질이 8%를 차지한다. 양쪽 뇌 사이에는 2억 5,000만 개 이상의 신경섬유로 이루어진 뇌량(corpus callosum)이 있어서 각 뇌에서 발생하는 각종 정보를 교류한다.

좌, 우뇌에는 후두엽, 전두엽, 두정엽, 측두엽과 같은 4개의 엽이 있다. 후두엽은 뇌의 뒷부분에 있으며 주로 시각을 담당한다. 전두엽은 이마 주변의 부위로 판단, 창의성, 문제해결력, 계획하기와 같은 의도

---

53) 조주연(2001), 뇌 과학에 기초한 창의성 교육의 원리와 방향, 학생생활연구, 27(12), pp.115~141.
54) 김성일(2003), 뇌 기반 학습과학과 과학/수학 교육, 제1회 뇌 기반 학습과학 심포지엄 발표 논문집, pp.83~101.

적인 행동에 관여한다.

두정엽은 뇌의 맨 위에서 뒷부분에 걸쳐 있고, 고차적인 감각 처리와 언어 처리를 담당하고 있다. 왼쪽과 오른쪽에 있는 측두엽은 귀 주변과 귀의 윗부분이고 이 부위는 주로 듣기·기억·의미 그리고 언어를 담당한다.

이러한 4엽의 기능은 서로 중복되는 면이 있다. 4엽에는 많은 주름이 있는데, 뇌 발달을 촉진하는 화학물질이 파상(波狀)으로 분비되어 이들 주름은 동시에 성숙하지 않는다. 이를 통해 학자들은 인간의 학습이나 발달에 개인차가 발생한다고 본다.

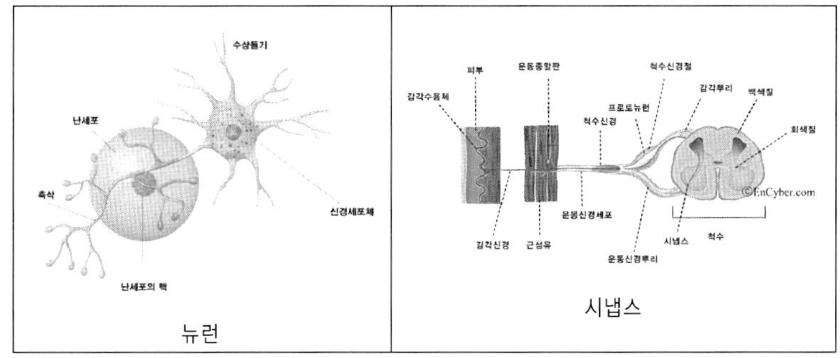

〈그림 36〉 뉴런과 시냅스

뇌의 구성요소 중 가장 중요하면서 인간의 학습이나 발달과 가장 긴밀하게 관여하는 부분이 뉴런(neuron)이다. 뉴런의 수는 교세포보다 적지만 뇌의 활동을 수행하는 데에는 절대적인 역할을 수행한다. 정보는 뉴런 내부에서는 전기적으로 이동하고, 시냅스(synapse: 뉴런의 축삭돌기 말단과 다음 뉴런의 수상돌기 사이의 연접 부위)에서는 신경전달물질(neurotransmitter)에 의해 한 뉴런에서 다른 뉴런으로 화학적으로 이동한다.

학습은 뉴런의 주요기능으로 인간이 경험하고 학습할 경우에 뇌에 물리적·화학적 흔적이 남게 된다. 이러한 뉴런은 출생 전에 충분히 생성되어 출생 시 아기는 대략 1,000억 개의 뉴런을 가지고 태어나지만, 1,000억 개의 뉴런 중 대부분은 아직 네트워크에 연결되지 않은 미숙한 상태로 있게 된다.

출생 후 초기 시냅스의 발달이 뇌 발달의 주류를 이루게 되며, 이러한 시냅스의 특성들에 의하여 사고나 학습이 결정된다. 시냅스는 유아기에 대부분 성장하고, 이후 생성과 소멸이 진행된다. 인간이 이러한 시냅스를 활용하면 생성되고, 활용하지 않으면 소멸된다.

인간의 뇌가 작동하는 방식을 이해하고, 이에 맞는 공부방법과 학습내용들을 투입한다면 학습이나 지능, 창의성 등에 효과를 볼 수 있을 것이다.

음악가들이 연출하는 즉석연주도 인간의 창의적인 영역과 밀접한 관계를 가지고 있다. 이러한 사실은 fMRI(다양한 자극에 반응하는 뇌의 영역을 스캔하는 장치)를 통해 일부 사실로 드러나고 있다.

독일 막스 플랑크 연구소(Max Planck Institute) 연구팀은 최근 재즈 연주가들을 대상으로 즉흥연주와 같이 즉석에서 이뤄지는 행동을 할

때 재즈 음악인들의 뇌의 어떤 부위가 활성화되는지를 조사한 연구
결과 즉석 행동은 뇌의 편도체(amygdala)와 특정 신경망이 관여하는
것으로 보고하였다.

창의성의 발현에는 신경전달 물질의 한 종류인 도파민(dopamine)이
밀접한 관련을 지니고 있다. 도파민은 고도의 정신기능과 창의성을
발휘하도록 하는 대표적 신경전달 물질 중의 하나로 티로신 아미노
산으로부터 만들어진다.

도파민은 주로 대뇌기저핵(basal ganglia)에 많이 분포하며 전두엽의
흥분성 신경전달 물질로 사용되고 있다.[55][56] 전두엽은 복잡한 그림
이나 물체의 판별, 시각에 의한 사태 판단, 사건의 계획과 상황파악,
분석·비교·판단과 같은 두 가지 이상의 정보처리, 기억에 의한 재
인식, 정보처리에 있어서의 주의의 전환 및 집중, 감정조절, 진취적
기상과 자발성, 동기유발, 융통성 등의 고차적 사고기능을 담당한
다.[57](이철우·이진호, 1989).

이러한 창의적 사고발현의 능력을 지닌 도파민이 전두엽에 분포하
고 있다는 것은 창의성과의 관련에서 큰 의미를 지닌다. 전두엽에 영
향을 미치는 신경회로 중에 A10 신경이 있는데, 이 A10 신경은 뇌간
의 중뇌에서 발달하여 시상하부 및 대뇌변연계, 측두엽과 해마, 측좌
핵을 거쳐 전두엽에 도달한다. A10 신경과 같이 주로 도파민을 신경
전달 물질로 사용하는 신경계를 도파민 신경계라 한다.

A10 신경과 같은 도파민 신경계가 전두엽과 연결되어 있기 때문에

---

55) Sylwester, R.(1995), A celebration of neurons, Alezandria, VA: ASCD.

56) 박만상(1996), 총명한 두뇌 만들기(개정판), 서울: 지식산업사.

57) 이철우·이진호(1989), 뇌와 지능, 수원: 교육과학사.

도파민 신경계의 활동에 따라서 사고와 창의성은 큰 영향을 받는다. 창의성을 도파민 신경계의 활성화를 통한 뇌의 활발한 상호작용이라고 할 때, 창의성은 특정인에게만 국한된 특성이 아닌 누구에게나 발현될 수 있는 속성이 되며 제한되지 않고 지속적으로 계발 가능한 것이 된다.

06

발달단계에 따른 뇌와 학습

아동기(6~13세)에는 변연계(뇌간: Brain Stem과 대뇌피질: Cerebral Cortex 사이에 있는 신경세포의 집단으로 구성)와 신피질의 상호 연결이 증가하고 다양화되면서, 정서적 경험을 처리할 때 뇌의 여러 부위가 참여하게 되어 정서발달에서도 질적인 변화가 나타난다.

:: 변연계 ::

- 동기, 감정, 정서, 기억을 담당하고 변연 피질과 해마, 편도체, 중격 등으로 구성
- 장기기억 장치로서 역할

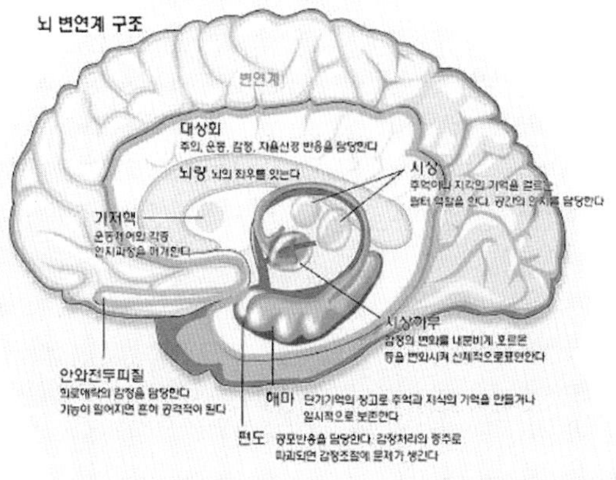

* 자료: 뇌교육 연구마을(http://cafe.naver.com/sbrain.cafe)

〈그림 37〉 뇌 변연계 구조

해마는 인간의 뇌에서 기억의 저장과 상기에 중요한 역할을 하는 기관으로 변연계 안에 위치하고 있다. 뇌는 전뇌, 중뇌, 후뇌로 구성되어 있으며, 전뇌는 대뇌피질과 변연계로 구성되어 있다. 변연계는 뇌의 중심부에서 원처럼 도는 회로를 총칭하는데 대뇌피질에 의해 완전히 둘러싸여 있다.

대뇌피질은 외부환경과의 교신을 통하여 이를 입체적으로 인식하는 능력을 가지며 목적 지향적인 이성 행동을 주재한다. 고도의 사색기능, 판단기능, 창조적 정신기능 등의 고등정신 활동을 하는 곳이며, 운동과 감각을 주재하는 곳이다.

변연계는 본능 행동과 정서 감정을 주재하는 기구로서 행동의 의욕, 학습, 기억과정에 관여한다. 변연계에는 '해마'라는 언어적 기억, 의식적 기억, 특히 쾌감을 담당하는 소기관과 '편도체'라는 감정적 기억, 무의식적 기억으로 공포나 분노를 담당하는 소기관으로 분류된다. '해마'는 뇌에서 신경단위 세포가 생성되는 몇 안 되는 영역 가운데 하나로 동물과 사람 모두에 존재한다.

변연계는 포유동물에서 가장 잘 발달하여 있기 때문에 '포유류 뇌'라고도 부른다. 포유동물들이 꼬리를 흔들며 애정표시를 하거나, 흥분과 두려움으로 울부짖거나, 으르렁거리며 움츠릴 수 있는 것도 바로 이 변연계가 잘 발달되어 있기 때문이다.

신체의 모든 감각기관을 종합하고 공간 지각력을 담당하는 부위인 두정엽의 일부가 성숙하게 되어 여러 종류의 새로운 학습과 수학·과학 학습이 가능해지고, 언어를 담당하는 측두엽이 발달하여 외국어 학습과 쓰기 학습이 한층 용이해진다. 다이아몬드(Diamond)와 홉손(Hopson)에 의하면 연령이 증가하고 전두엽의 조절통로가 발달할수록 아동은 한 과제에 선택적으로 주의집중을 하게 되어 중요한 과제에는 주의를 기울이지만 사소하고 부적절한 것에는 주의를 기울이지 않게 된다. 이 시기에 아동이 다양하고 풍부한 경험을 통해 뇌를 활성화할수록 수초와 수상돌기 가지가 많아지고 뇌량이 두꺼워진다.

청소년기의 특징을 살펴보면 전두엽의 시냅스 형성이 급속도로 증가한다. 뇌의 다른 부위에서는 시냅스 제거가 가속적으로 이루어지지만 전두엽 부위에서는 시냅스 형성이 가속적으로 진행된다. 이처럼 전두엽에서 시냅스 형성이 현저하게 증가함에도 불구하고 청소년기에는 때로는 정서조절이 안 되어 어려움을 겪게 되는데, 이러한 현상은 전두엽의 시냅스가 정교화되지 못하고 성호르몬의 영향을 받아 편도가 지나치게 활성화되기 때문이다. 따라서 청소년기를 거치는 동안 전두엽의 시냅스가 정교화되면서 정서에 대한 조절이 가능해진다.

대뇌피질 가운데 창의성의 발현 부위인 전두엽은 정서에 관여하는 변연계와 연결되어 있기 때문에 창의성은 정서적 상태에 큰 영향을 받는다.

야곱(1998)의 연구에 의하면 대학원생의 뇌는 고등학교 중퇴자의 뇌에 있는 뉴런보다 40% 정도의 시냅스가 더 많으며, 도전적인 대학원생들은 보통의 대학원생들보다 25% 정도 뇌가 더 성장하였음을 발견하였다고 보고하고 있다.

이러한 연구를 통해 그는 교육 수준이 뇌의 성장 정도를 설명하는 중요한 요인이지만 학력만으로는 뇌의 성장 정도를 충분히 설명할 수 없으며, 새로운 학습경험과 풍부한 도전기회가 뇌의 성장에 중요한 요인이라고 보았다.

유의미하게 오래 기억되는 학습을 위하여

양쪽 뇌에 특화되고 적합한 학습법은 학생들에게 의미 있고 그들의 생활이나 경험과 관련된 맥락에서 내용을 가르치는 방식이다. 그러나 학교에서 많은 학생들은 그들이 배우고 있는 내용이 좀 더 포괄적인 상황 속에서 어떤 의미가 있는지에 대해 전혀 모른 채 교수학습 과정에 참여하고 있다.

학생이 학습한 내용을 자신의 경험세계와 연결(연관)짓지 못 한다면, 학생들은 무의미한 내용을 기억하기 위해 많은 시간을 낭비하게 된다.

뇌 전반에 대한 선행된 이해나 지식은 학생들을 교육시키는 교사나 아이를 키우는 부모 입장에서는 그 어떤 선행학습에 대한 노력보다도 유익한 처방이 될 수 있을 것이다.

07

기억의 CEO '해마'

뇌에서 기억을 관장하고 주관하는 핵심 부위는 해마다. 해마는 기억을 짧은 시간 동안 저장해두었다가 장기보관이 필요하다고 판단한 정보는 대뇌피질로 옮겨 장기간 보관하는 기능을 수행한다.

학습한 내용을 수년 동안 기억하려면 해마가 그것을 중요한 정보라고 판단해야 한다. 이러한 판단을 자극하기 위해서는 정서기억을 담당하는 편도체를 자극하는 방법이 있다. 편도체는 인간의 희로애락에 대한 전반적인 정서를 저장할 뿐 아니라 경험을 점검하고 의미를 생성시키는 역할을 한다. 특히 청소년기에는 감정에 관여하는 편도체의 반응이 전두엽보다 빠르게 반응한다. 그래서 이성적으로 판단을 내리기 전에 감정적으로 먼저 반응하는 것이다.

인간의 기분이나 심리적인 상태에 따라 문제인지, 해결에 있어 개인차가 발생한다. 그 일례로 심리학자 게르트뤼에 의해 실행된 실험을 살펴보자. 실험 대상자들을 기분상태에 따라 명랑한 그룹과 우울한 그룹으로 나눈 후, 자연과학 분야의 책을 읽게 하는 실험을 수행했다. 책을 읽은 다음에 그 내용을 그대로 옮기는 실험에서는 두 그룹 사이에 별 차이가 없었다. 그러나 읽은 내용을 다른 각도로 응용해서 문제를 해결하는 실험에서의 결과는 달리 나타났다.

기분이 명랑한 그룹의 사람들이 반대 그룹에 비해 문제를 보다 더 잘 해결하는 것으로 나왔다. 이러한 사실은 심리적으로 명랑한 기분일 때 뇌의 신경세포를 연결해주는 시냅스에서 신경전달 물질의 분비가 보다 원활하게 진행되기 때문이다.

반대로 심한 압박이나 스트레스는 학습에 방해요소로 작용할 수 있음을 유추하게 한다. 뇌에서 스트레스 호르몬이 많이 분출되면 해마는 학습기억을 잘 처리하지 못하게 된다. 정서에 관여된 편도체의 자극이 줄어들면서 해마가 처리하는 기능이나 역할이 축소하여 단기기억에서 장기기억으로 전환하는 데 애로점이 발생한다.

심리적인 안정감, 긍정적인 감정 등이 학습에 관여한다는 사실은 그만큼 학습능력을 신장하기 위해선 우수한 지능이나 능력도 중요하지만 그에 못지않게 기분이나 정서도 무시하지 못할 변인이라 하겠다. 책상에 매달려 있는 시간과 더불어 다양한 심리적, 정서적인 안정감 고양을 위하여 등산이나 산책, 문화적인 경험을 권장하는 이유를 찾을 수 있다.

해마가 일상생활에서 입력한 각종 정보들은 인간이 수면을 취하는 동안 취사선택의 절차를 수행한다. 이러한 절차 수행이 원활하게 이루어지려면 충분한 수면을 취해주어야 된다.

해마가 학습과 연관이 된다는 사실에 주목하여 최근에 새로운 개념의 학습법으로 해마학습법이 있다. 해마학습법은 공간이나 감성, 이야기, 연상, 스피드 등 다섯 단계의 복합작용에 의해 해마가 작동한다는 뇌 과학적인 이론과 개념에서 출발하고 있다.

인지, 입력된 각종 정보들은 해마를 자극하게 된다. 이러한 자극들이 강열할 경우 단기기억을 거치지 않고 바로 장기기억 장치로 가게 된다. 강열한 자극을 영상이나 추억, 스토리, 공간과 연결하면 보다 오래토록 기억할 수 있다는 것이 바로 해마학습법이다.

해마학습법은 머릿속에 특정한 공간을 만드는 연습을 통해 더욱 쉽고 빠르게 학습효과를 거두게 된다. 특히 언어학습에 있어서 이 학습법은 효과가 탁월한 것으로 알려져 있다. 언어학습에 있어서 기억과 창의력을 높이기 위해 공간과 감성에 더하여 이야기식으로 연출하면 그 효과가 탁월하다. 우리가 평소에 자주 먹는 물도 뇌의 사고 능력에 상당한 긍정적인 영향을 준다. 시험을 보는 도중 물을 마시면 성적 향상에 도움이 된다는 연구결과가 나왔다고 보도한 파이낸셜뉴스 인터넷 판(2012년 4월)에 따르면, 영국 텔레그래프 등 주요언론들은 영국 애스턴대학과 웨스트민스터대학 공동 연구팀의 연구결과를 인용해 시험을 볼 때 물을 마신 학생은 그렇지 않은 학생보다 평균 성적이 5%가량 높은 것으로 밝혀졌다고 보도했다.

연구팀은 최근 예비 대학생 등 447명을 대상으로 시험을 보러올 때 물을 포함해 마실 것을 가져오는지 여부와 그들의 성적에 대해 비교 분석한 결과 이같이 나타났다고 밝혔다. 연구결과에 따르면 고학년일수록 시험장에 물을 가지고 가는 경향이 더 강한 것으로 나타났다.

그러나 물의 효과는 저학년일수록 더 높게 나타났다. 예비 대학생들은 성적이 10%까지 올랐지만, 1학년과 2학년의 성적 향상률은 각각 5%와 2%에 그쳤다. 연구팀은 "시험 도중 마시는 물은 뇌의 사고 능력에 긍정적인 영향을 미치며, 특히 시험을 볼 때 나쁜 영향을 주

는 불안감을 줄이고 마음을 차분하게 해 문제를 좀 더 집중해서 풀
수 있게 하는 것으로 보인다"고 분석했다.

술이 창의력에 긍정적인 영향을 미친다는 연구도 있다. 맥주 두 잔
정도를 마시고 취기가 오를 때 창의력이 더 활발해질 수 있다고 일리
노이대학 시카고캠퍼스(UIC) 연구진은 말하고 있다. 맥주 약 1천㎖를
마신 사람들이 취기가 전혀 없는 사람들보다 창의성을 요구하는 문
제를 더 잘 풀었다는 실험결과를 내놓았다. 연구를 주도한 인지 심리
학자 제니퍼 와일리는 '행동 및 뇌 과학 연구협회(FABBS)'에 제출한
보고서에서 "혈중 알코올 농도가 0.07%인 상태일 때 기억력을 요구
하는 문제풀이능력은 저하됐지만 창의적인 문제해결능력은 더 강화
된다는 사실을 발견했다"고 밝혔다.

연구진은 실험대상자 40명에게 3개의 단어를 제시하고 네 번째 단
어를 완성토록 했다. 예를 들어 '블루(blue)', '코티지(cottage)', '스위스
(Swiss)'라는 단어를 주고 '치즈(cheese)'라는 답을 기대하는 식이었다.
실험을 시작하기 전 대상자 절반에게는 1천㎖의 맥주를 마시도록 했
고 나머지 절반에게는 아무것도 주지 않았다. 맥주를 마신 그룹이 그
렇지 않은 그룹에 비해 문제를 40% 이상 더 잘 풀었고 문제풀이 속도
도 평균 3.5초나 더 빨랐다.

08

창의적 문제해결 이론: TRIZ[58]

"창의성은 학습할 수 있다"

트리즈(TRIZ)는 러시아어 'Teoriya Resheniya Izobretatelskikh Zadatch'의 약자로, 영어로는 Theory of Inventive Problem Solving을 뜻한다. 옛 소련의 과학자 겐리히 알트슐러(Genrich Altshuller, 1926~1998)는 1940년대 소련 해군에서 특허심사 업무를 맡았다. 당시 군 관련 기술문제를 해결하던 알트슐러는 "모든 발명과정에는 공통의 법칙과 패턴이 있다"는 사실을 파악하고, 누구나 창의적으로 문제를 해결할 수 있는 일반적이고 체계적인 문제해결책을 강구하기 시작했다.

알트슐러는 수많은 특허 관련 업무를 하면서 초기에 발견한 것 중의 하나는 발명문제들은 최소한 하나 이상의 모순을 포함하고 있다는 것이다. 알트슐러는 모순을 자주 일으키는 39가지의 인자, 예를 들어 강도-무게, 속도-연료, 신뢰성-복잡성 등을 도출하였으며, 각각의

---

58) 겐리히 알츠슐러: 1926~1998.

인자에 대해서 모순을 도출해보면 모두 1,250가지의 기술적 모순이 존재하며, 이러한 기술적 모순을 해결하기 위해서 알트슐러는 40가지의 발명원리를 개발하였다.

모순은 TRIZ의 가장 중요한 개념으로서 알트슐러는 모순을 기술적 모순(TC)과 물리적 모순(PC)으로 구분했다. 기술적 모순은 시스템의 어느 한 특성을 개선하고자 할 때 그 시스템의 다른 특성이 악화되는 상황을 말한다. 예를 들어 자동차의 가속성능을 높이기 위해서는 연료소모가 증가하므로 가속성능과 연비 사이에는 기술적 모순이 내포되어 있다.

물리적 모순은 시스템의 어느 한 특성이 높아야 함과 동시에 낮아야 하고, 존재해야 함과 동시에 존재하지 말아야 하는 상황을 의미한다. 면도기의 날은 면도 성능을 높이기 위해서는 날카로워야 하고, 피부가 손상되는 것을 방지하기 위해서는 무뎌야 하는 상황이다. 즉, 발명적인 문제나 창조적인 문제는 이러한 다양한 모순을 내포하고 있으며 발명 혹은 창조적 문제해결이란 이러한 모순을 해결하는 것이라 할 수 있다.

TRIZ는 문제를 해결하는 데 있어서 이러한 모순들과 타협하거나 절충하는 것이 아니라, 모순에 대한 보다 근원적인 해결을 추구한다.

〈표 37〉 40가지 발명원리

발명기법	예시
1. 분할(Segmentation) - 물체를 독립된 부분으로 나눈다	예) 조립식 가구, 모듈로 된 컴퓨터 부품, 신속하게 조립할 수 있는 배관의 관절
2. 분리(Extraction) - 방해가 되는 부분이나 속성을 물체로부터 분리한다	예) 새를 쫓기 위해 새가 싫어하는 소리를 녹음, 교체용 솔이 있는 칫솔, X-ray 촬영 시 필요한 부분만 촬영하기 위하여 다른 부분은 가림
3. 국소품질(Local quality) - 물체의 각 부분이 다른 기능을 수행하게 한다	예) 지우게 달린 연필, 서로 다른 높이 날을 가진 톱, 못뽑이가 있는 망치(장도리)
4. 비대칭(Asymmetry) - 물체의 구조를 대칭구조에서 비대칭구조로 바꾼다	예) 비대칭 혼합 용기(믹서, 레미콘 트럭), 커브 길에서 타이어의 마모를 줄이기 위해 타이어의 바깥쪽을 안쪽보다 강하게 만든다
5. 병합(Merging) - 물체의 기능을 모아두거나 병합한다	예) 오디오 세트, 네트워크로 연결된 개인용 컴퓨터, 절삭을 하면서 절삭 공구에 냉각제를 뿌린다
6. 범용성(University) - 시스템이 여러 기능을 수행하도록 한다	예) 침대용 소파, 유모차로 변환되는 어린이용 자동차 안전 시트, 치약이 포함된 칫솔 손잡이
7. 포개기(Nesting) - 하나의 물체를 다른 물체 속에 넣는다	예) 안전벨트, 줌렌즈, 라디오 안테나, 비행기의 착륙장치
8. 평형추(Counterweight) - 물체의 무게를 공기나 물에 의한 주위환경과 상호작용하게 한다	예) 플래카드를 지지하기 위하여 헬륨 풍선을 이용, 물과의 마찰을 줄이기 위한 수중익선, 통나무 묶음에 거품이 나는 약품을 주입해서 물 위에 잘 뜨게 한다
9. 사전 예방조치(Preliminary anti-action) - 사전에 역작용을 고려하여 조취를 취해놓는다	예) 강철봉을 콘크리트에 넣기 전에 미리 스트레스를 가함, 산성이 높은 물질로부터 보호하기 위해 염기성이 높은 물질을 이용, 페인트칠을 하지 않을 곳을 미리 테이프로 싼다
10. 사전 준비조치(Prior action) - 물체가 겪게 될 변화를 미리 겪게 한다	예) 무디어진 부분을 잘라내서 사용하는 칼날, 미리 풀칠해둔 벽지, 미리 구멍을 뚫어둔 포장은 개봉하기 쉽다
11. 사전 보호조치(Beforehand cushioning) - 신뢰성이 낮은 물체에 대하여 미리 비상수단을 준비해둔다	예) 예비 낙하산, 도난 방지를 위한 상품의 바코드, 자동차의 에어백
12. 높이 유지(Equipotentiality) - 물체가 올려지거나 내려가지 않도록 작업조건을 변화시킨다	예) 파나마 운하, 바퀴를 이용해서 물건을 옮기기, 자동차 엔진 오일을 교환하기 위하여 작업자가 구덩이에 들어가서 작업한다
13. 반전(inversion) - 문제를 해결하기 위해서 반대의 조치를 취한다	예) 러닝머신(사람이 움직이지 않고, 땅이 움직인다), 공구 대신 부품을 회전, 컨테이너를 비우기 위해 컨테이너를 뒤집는다

14. 타원체(Shperoidality) - 직선 대신에 곡선을 이용한다	예) 건축물에서 강도를 높이기 위해서 아크나 돔을 사용, 물체를 들어 올리는 데 사용하는 나선형 기어, 활주로가 짧은 비행장은 직선이 아니라 곡선 활주로를 이용한다.
15. 유연성(Flexibility) - 물체가 유연하지 않다면 유연하게 한다	예) 조정 가능한 핸들, 줄자, 휘어지는 모니터
16. 초과나 과부족(Partial or excessive action) - 조금 더하거나 덜한 방법을 이용한다	예) 페인트칠할 때 과도하게 뿌린 다음에 초과된 부분만 제거, 플라즈마 아크 용접을 할 경우 공정과정을 확인하기 어려워 충분히 높은 전압으로 용접을 한다
17. 다른 차원(Another dimension) - 물체를 2차원 혹은 3차원 공간으로 옮긴다	예) 타워형 주차장, 아파트, 여러 장의 CD가 들어가는 CD 플레이어
18. 기계적 진동(Mechanical vibration) - 물체를 진동시킨다	예) 수정 발진 시계, 유압 해머, 진동하는 날을 가진 전자 조각칼
19. 주기적 조처(Periodic action) - 연속적인 조처 대신 주기적인 조치를 취한다	예) 주기적으로 진공을 주면 진공청소기로 이불이나 카펫을 청소할 수 있음, 해머로 물체를 반복해서 두드림, 연속적인 사이렌을 주기적인 사이렌으로 바꾼다
20. 유용한 조처의 지속(Continuity of useful action) - 물체의 모든 부분이 항상 최대한으로 작동하게 한다	예) 무단 변속기, 이동하면서 공부하기, 프린트 용지를 공급하는 동안 인쇄한다
21. 건너뛰기(Skipping) - 유해하거나 위험한 공정을 최고속도로 수행한다	예) 플라스틱 절단 시 변형을 피하기 위해서 열이 플라스틱에 퍼지기 전에 빠르게 전달, 치아를 갈 때 치아조직이 가열되는 것을 피하기 위해서 드릴을 고속으로 회전시킨다
22. 유해물 이용(Convert harm into benefit) - 바람직한 효과를 달성하기 위해서 해로운 요인을 부분적으로 사용한다	예) 폐기물의 재활용, 산불이 났을 때 땔감을 제거하기 위해서 반대쪽에 불을 지름, 폐기물의 열을 사용하여 전기를 발생시킨다
23. 피드백(feedback) - 공정을 개선하기 위해서 피드백을 이용한다	예) 냉방을 할 때 에너지의 효율을 위해서 자동온도조절장치의 민감도를 변화시킴, 항공기가 공항으로부터 5마일 이내에 있을 경우 자동조종장치의 민감도를 변화시킨다
24. 중간 매개물(intermediary) - 중간 매개체 혹은 중간 공정을 사용한다	예) 뜨거운 접시를 식탁에 옮기는 데 사용되는 용기 받침, 해머와 못 사이에 사용되는 목수의 못 박는 기구, 냄비 집게는 손을 데이지 않고 냄비를 옮길 수 있는 매개체이다
25. 셀프서비스(Self-service) - 보조기능을 수행함으로써 물체가 자신에게 서비스하도록 한다	예) 엔진의 열을 이용한 난방, 자동 복원하는 구명보트는 뒤집혀도 바로 복원됨, 퇴비를 만들기 위해서 음식물과 잔디 쓰레기를 이용한다

26. 대체수단(Copying) - 비싸고, 깨지기 쉽고, 이용하기 어려운 물체 대신에 간단하고 값싼 복제품을 이용한다	예) 컴퓨터를 통한 가상현실, 별의 상태를 빛을 통해 분석, 화성표면의 사진을 조사한다
27. 일회용품(Cheap short-living objects) - 비싼 물체를 값싼 물체로 교체한다	예) 일회용 주사기, 일회용 카메라, 일회용 컵
28. 기계식 시스템의 대체(Replace a mechanical system) - 기계적인 방법을 감각(빛, 소리, 냄새)을 이용하여 대체한다	예) 가스 누출을 알 수 있도록 기계 대신 독한 냄새가 나는 성분을 사용, 액체의 밀도를 변화시키기 위해서 자성물질을 사용한다
29. 공압 및 수압(Pneumatics and hydraulics) - 고체 대신에 기체나 액체를 이용한다	예) 겔로 채워진 신발 밑창, 1997년에 나사는 화성 탐사선 패스파인더호의 착륙을 위해 값비싼 로켓 대신에 에어백을 사용
30. 연한 껍질이나 얇은 막(Flexible shells and thin films) - 3차원 구조 대신에 얇은 필름을 이용한다	예) 물침대, 식물의 잎으로부터 물이 빠져나가는 것을 방지하기 위해서 중합체를 뿌린다
31. 다공성 소재(Porous materials) - 물체를 다공성으로 만들거나 다공성 물질을 첨가한다	예) 수소저장 합금을 이용하여 수소를 저장, 무게를 줄이기 위해서 구조물에 구멍을 뚫는다
32. 색상변화(Color changes) - 물체나 외부환경 색을 변화시킨다	예) 투명한 붕대, 형광펜, 암실에서 붉은빛을 이용하여 사진을 현상한다
33. 동질성(Homogeneity) - 똑같은 재료 혹은 동일한 특성을 갖는 물체와 상호 작용하는 물체를 만든다	예) 용기와 내용물이 반응하는 것을 방지하기 위해서 내용물과 같은 재료의 용기를 사용, 다이아몬드는 다이아몬드로 만든 절단도구를 이용하여 자른다
34. 폐기 또는 복구(Discarding and recovering) - 기능을 수행했거나 더 이상 필요하지 않은 물체는 증발되거나 용해되어 없어진다	예) 녹는 알약 캡슐, 저절로 날이 갈리는 잔디 깎기, 오뚝이
35. 모수변화(Parameter Changes) - 물체의 물리적 상태를 변화시킨다	예) 산소, 질소 등을 수송할 때 부피를 줄이기 위해서 액체상태로 운반, 유연성과 내구성을 증가시키기 위해서 고무를 고온에서 유황으로 처리한다
36. 상태전이(Phase transitions) - 상태전이 시 발생하는 현상을 이용한다	예) 폐쇄 열역학 사이클의 기화열과 응고열을 이용한 열펌프, 물은 다른 액체와는 달리 얼면 부피가 팽창한다
37. 열팽창(Thermal expansion) - 물질의 열팽창을 이용한다	예) 바이메탈(서로 다른 종류의 금속을 부쳐 놓아 온도변화에 따라 움직임이 달라진다), 부품을 단단하게 조립하기 위해서 안에 들어갈 부분은 냉각시키고, 밖에서 싸는 부분은 가열하여 조립한다
38. 강산화제의 이용(Use strong oxidizers) - 일반 공기를 산소가 많은 공기로 바꾼다	예) 사용하기 전에 가스를 이온화함으로써 화학반응 속도를 높임, 잠수용 산소통, 환자를 고압산소 환경에서 치료하면 박테리아를 죽일 수 있다

39. 불활성 환경(inert environment) - 정상적인 환경을 불활성 상태로 만든다	예) 창고에서 솜에 불이 붙는 것을 방지하기 위해서 창고로 옮길 때 불활성 가스로 처리, 아르곤 기체를 이용하여 뜨거운 금속 필라멘트의 파손을 막는다
40. 복합재료(Composite materials) - 복합재료를 이용한다	예) 비행기 동체의 복합재료는 가볍고 강하고 유연함, 테니스 라켓이나 낚싯대를 복합재료로 만듦, 상하수도의 배관을 복합재료로 하여 부식을 막는다

09

발명 아이디어 발상기법

가. 브레인스토밍(Brainstorming)

브레인스토밍의 기원은 1941년 BBDO 광고대리점의 오스본이 제안한 아이디어를 내기 위한 회의기법에서 비롯된 것으로, 미국과 일본에서는 이미 70여 년 전부터 기업의 발명·발견 기법으로 활용되고 있다. 브레인스토밍의 원칙으로는 비평하지 마라. 먼저 생각하고 나중에 판단하라. 거친 생각이 더 좋은 생각이다. 짧고 간단하게 하라. 많은 양이 필요하다. 조합하고, 개선하고, 확장시켜라. 때로는 잠시 쉬도록 한다.

교육현장에서 실천할 때 구체적인 브레인스토밍 기법들은 다음과 같다.

① 5명 정도의 한 조가 둘러앉아 각각 한 장의 종이를 준비한다.

② 5분간의 시간 동안 떠오르는 단어를 5개 정도 적은 후 옆 사람에게 건넨다.

③ 옆에서 전해 받은 종이에 적힌 단어를 보고 떠오르는 단어를 5
　개 적는다.

④ 이때 서로 대화나 상의를 하지 않도록 한다.

⑤ 종이가 한 바퀴 돌 때까지 반복한다.

⑥ Brain writing이 끝난 후에 토의를 통하여 적절한 key words를 찾
　아낸다.

나. 스캠퍼(SCAMPER)

스캠퍼 기법은 아이디어 산출을 위한 체크리스트 방식으로 사고의
출발점 또는 문제해결의 방식을 미리 정해놓고 그에 따라 다각적인
사고를 전개함으로써 효율적으로 아이디어를 얻는 방법이다. 오스본
(Osborne)이 고안한 방법으로 7개의 간단한 질문들로 이루어진 대표
적인 체크리스트이다.

이 기법은 팀에게 문제에 대해 질문을 던지고 새롭고 신선한 아이
디어를 구성하도록 하는 데 사용하고 문제해결을 위한 팀은 스캠퍼
질문에 대답하면서 많은 해결안을 내놓을 수 있다. 스캠퍼를 구성하
는 7개의 질문은 다음과 같다.

① S 대체시키면? (Substitute?)

② C 조합하면? (Combine?)

③ A 적응, 개조하면? (Adopt?)

④ M 수정-확대-축소하면? (Modify-magnify-minify?)

⑤ P 다른 용도는? (Put to other use?)

⑥ E 제거하면? (Eliminate?)

⑦ R 재배치-거꾸로 하면? (Rearrange-reverse?)

스캠퍼의 일반적인 진행순서는 다음과 같다.

① 풀어할 문제에 대해서 팀을 구성하고 발상용지와 포스트잇을 준비한다.

② 참가자들은 아이디어를 주어진 질문에 맞게 발상하여 포스트잇에 적는다.

③ 메모된 포스트잇은 발상용지의 질문항목에 맞게 계속 붙여 나가도록 한다.

④ 색상 포스트잇을 사용하여 개인이 얼마나 많은 발상을 했는가를 통해 경쟁적으로 아이디어의 양을 많게 할 수 있다.

⑤ 발상을 정리하고 좋은 아이디어들을 선별하도록 한다.

다. 마인드맵(Mind Map)

마인드맵(Mind Map)은 전통적인 '직선적 노트법'이나 '개요 만들기'의 대안적인 방법으로 영국의 심리학자 Tony Buzan(1995)에 의해 고안된 창의적 사고 기법으로 읽고 생각하고 분석하고 기억하는 그 모든 것을 마음속에 지도를 그리듯이 써 내려가는 방법이다.

이 기법은 인간의 대뇌는 '방사적 사고'를 하며, 창의적인 사고는 좌뇌와 우뇌의 상호작용을 요구한다는 것에 근거한다. 특히 마인드맵은 두뇌의 확산적 사고와 연상결합 사고 특성을 반영한 필기법으로 창의성의 개발뿐 아니라 이해, 암기와 같은 학습능력을 향상시키는 데 탁월한 효과를 제공한다.

간혹 어떤 문제에 대하여 창조적 사고를 할 때에 시간이 흐르거나 연속적인 사고의 연상이 진행되면서 그 사고한 내용의 일부는 망각하거나 다시 생각해내게 된다. 마인드맵은 정신적으로 두뇌를 사용하는 방법을 가르쳐주며 두뇌의 경로를 통해 논리적이고 정의적인 사고력을 훈련시킨다.

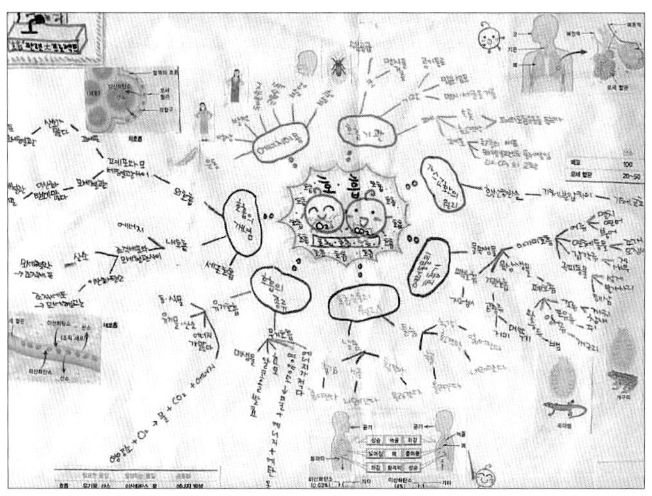

〈그림 38〉 중학교 과학과에서의 마인드맵 활용사례

마인드맵은 이미지와 핵심단어 그리고 색과 부호를 사용하여 좌뇌(어휘, 분석, 수리), 우뇌(색상, 비언어적, 공간적, 종합적)의 기능을 유기적으로 연결함으로써 두뇌의 기능을 최대한 발휘할 수 있는 '사고력 중심의 두뇌개발 프로그램'이다.

마인드맵의 특징을 살펴보면 다음과 같다.

첫째, 생각이 떠오르는 대로 핵심단어를 적어나가면서 동시에 상상하고, 연상하고, 결합하는 창의적인 활동을 유도한다.

둘째, 핵심단어와 이미지를 도출하고 구조화하는 과정에서 기억과 회상을 쉽게 할 수 있다.

셋째, 이미지, 색상, 공간배치와 같은 우뇌적 사고와 표현을 지원함으로써 잠재된 두뇌의 능력을 개발하며 좌뇌와 우뇌의 시너지효과를 증대시킨다.

마인드맵은 학습자의 머릿속에 떠오르는 아이디어들을 자유스럽게 기록하게 하고, 사고 속에서 새로운 연결들을 만들어내며, 보다 빠르고 효과적으로 조직화하게 하여야 한다. 마인드맵을 하는 순서는 먼저, 문제나 장면의 중심적인 제목을 핵심단어나 이미지로 종이 한가운데 그려놓는다. 그다음으로 핵심단어나 이미지에서 상상을 하여 중심제목과 관련해서 떠오르는 생각을 중심으로부터 가지를 연결하면서 적어나간다.

그러다 보면 자연스럽게 생각이 꼬리를 물고 떠오르게 된다. 이 단계가 연상단계이다. 이 단계에서는 다소 상관없어 보이는 엉뚱한 아이디어라도 주저하지 말고 기록하는 것이 좋다. 다음은 마지막 단계인 결합하기이다.

이 단계는 자연스럽게 핵심단어 간의 상관관계를 파악하여 선으로 연결하거나 여러 개의 아이디어를 결합하여 통합적 시각 및 새로운 아이디어를 도출하는 계기로 삼는다. 이 기법은 결과물을 생각하기보다는 과정 자체에 역점을 두어야 한다.

라. 고정관념 깨기: T-Puzzle[59]

T퍼즐은 탱그램 퍼즐(Tangram Puzzle)의 한 종류이며 2차원 퍼즐이다. 4개의 조각을 이용하여 100가지의 창의적인 모양을 완성해나가는 퍼즐이다. T퍼즐은 현재 미국 및 호주 등 선진국에서 그 교육적인 효과가 이미 입증된 대표적인 퍼즐이다.

퍼즐을 완성하기 위해서 우리는 고정관념에서 벗어나야 한다. 평소 어떤 기호나 모양에 대해 가지고 있는 고정관념을 버리지 않고서는 아주 간단해 보이는 모양일지라도 완성해나가는 데 굉장한 곤란을 경험하게 된다. T-Puzzle의 네 조각은 다음과 같다.

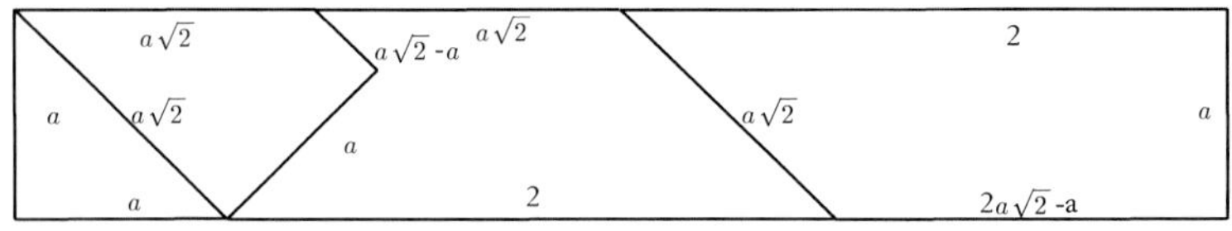

(1) 진행절차

① 위에 제시된 'T퍼즐의 4조각'을 가위나 칼을 이용하여 오린다.

② 각각의 퍼즐들을 움직여서 알파벳 대문자 'T' 자를 만든다.

③ 모든 퍼즐 조각을 사용해서 모양을 맞추어야 하며, 퍼즐의 조각들은 겹쳐지면 안 된다.

④ 4조각만으로 정확한 T 자의 모양이 완성된다.

---

59) 최유현(2005), 발명교육센터 교육과정, 특허청 정책연구.

(2) 100가지 T퍼즐의 모양

아래의 퍼즐 모양들을 완성하시오. 반드시 4개의 조각을 모두 사용해야만 합니다. 조각들을
뒤집거나 회전하는 것은 가능하나 조각들이 겹쳐져서는 안 됩니다.

1	2	3	4	5	6	7
8	9	10	11	12	13	14
15	16	17	18	19	20	21
22	23	24	25	26	27	28
29	30	31	32	33	34	35
36	37	38	39	40	41	42
43	44	45	46	47	48	49
50	51	52	53	54	55	56

57	58	59	60	61	62	63
64	65	66	67	68	69	70
71	72	73	74	75	76	77
78	79	80	81	82	83	84
85	86	87	88	89	90	91
92	93	94	95	96	97	98
99	100	빈칸에는 창작 T 퍼즐을 제작해보세요.				

마. 속성(특성) 열거법

    속성 열거법은 Grawford가 고안한 것으로서 문제에 당면한 사람이 그 문제의 대상이나 아이디어의 다양한 속성을 목록으로 작성하여 세분된 각각의 속성에 주의를 돌리는 방법이다. 하나하나의 속성을 따져가면서 그 속성에 대해 집중적으로 생각을 하여 개선·수정 및 발전을 시도한다.

이 속성들 각각을 아이디어의 영역으로 하여 개선에 관한 아이디어를 내고 각 아이디어들은 결합하여 개선된 아이디어를 얻을 수 있는데, 각 속성들에 관한 아이디어를 산출할 때에는 브레인스토밍 방법이 적용된다. 이와 더불어 현재의 속성에 대한 불편한 점, 희망 등을 열거함으로써 개선된 아이디어를 얻는 데 도움을 받을 수 있다.

바. 결점 열거 및 희망점 열거법

아이디어를 생각해내고, 제안한다는 것은 어떠한 문제점이 있기 때문이라 할 수 있다. 문제가 있다는 것은 본질적으로 어떠한 결점이 있다는 것이다. 어떠한 결점을 알게 되면 그 결점을 제거하기 위하여 어떻게 하면 좋은가 하는 초보 수준의 아이디어가 도출될 수 있다. 제품의 조그마한 흠이라도 열거하면서 가능한 많은 단점을 찾아낸다. 예를 들어 어떤 일이나 사물이 어떻게 바뀌었으면 좋겠다는 희망사항을 열거함으로써 개선방법을 찾는 방법이다.

결점 열거법은 문제점을 파악하는 소극적인 방법이다. 현재 있는 결점을 바꾸는 것뿐이므로 본질적으로 원형에서 분리해나가는 것이 대단히 어렵다. 이것에 비하여 희망점 열거법은 적극적인 의미를 가지고 있다. 결점 열거법은 문제를 해결하는 소극적인 방법으로 어떤 것의 결점을 열거한 것으로는 단순히 결점을 개선하는 것이기 때문에 본질적으로 이전의 것과 획기적으로 다른 것을 만들기란 어렵다.

어떤 사물이나 현상에 대해 '이렇게 하면 좋겠다'라는 희망사항을 열
거하는 것은 좀 더 적극적인 방법이다. 이렇게 적극적으로 희망을 열
거하다 보면 기대 이상의 것을 얻을 수 있다.

사. In to Out 사고와 Out to In 사고

In to Out 사고란 자신의 경험에 근거하여 세상을 바라보고 사고하
여 문제해결이나 실행에 옮기는 사고방식을 의미한다. 이러한 사고방
식은 자기중심적이기 쉬우며, 판단에 착오가 있을 경우 원만한 문제
처리나 인간관계 형성에 문제가 발생할 수 있다.

Out to In 사고란 나 중심의 사고방식에서 벗어나 주변환경이나 다
양한 변수들을 고려하여 문제를 해결하려는 사고방식을 의미한다.

유연한 사고 즉, 창의성을 막는 적은 내가 최고이고 내가 아니면
안 된다는 생각이다. 창의적인 사고는 문제해결과정에서 타인과 더불
어 협동하면서 다양한 문제상황에 봉착했을 때 서로의 다양한 의견
과 주장들을 수용하거나 취사선택하는 과정에서 확산적이고 유연한
창의적인 사고를 수행할 수 있게 된다.

아. 브레인라이팅

브레인라이팅 기법이란 Alex Osborn이 고안한 브레인스토밍(BrainStorming)
기법과 비슷한 사고 기법이다. 이 기법은 참가자들이 내성적이어서
다른 사람 앞에서 자신의 생각을 적극적으로 표현하지 못하는 경우
에 사용할 수 있고, 학습에 참가한 학생의 수가 많은 경우에도 사용

이 가능하며, 많은 아이디어를 빠르게 생성해내고자 할 때도 사용할 수 있는 훌륭한 창의적 사고 기법이다.

브레인라이팅을 진행하기 위해서는 먼저 대집단을 4~5명으로 구성되는 소집단으로 나눈다. 나누어진 소집단에서는 개인에게 주어진 용지에 문제상황에 대해 3가지의 아이디어를 쓰고 난 후 다음 사람에게 넘긴다.

용지를 받은 사람은 다른 사람의 아이디어 아래에 자신의 아이디어 3개를 써 넣는다. 이런 방법으로 전 구성원이 모두 용지에 3개씩의 아이디어를 기록한다. 다음 사람이 적은 아이디어는 새로운 아이디어일 수도 있고 앞 사람의 것에서 자극을 받은 것일 수도 있다. 또 이전의 아이디어를 서로 조합하거나 추가하거나 새롭게 만드는 것도 가능하다.

이 기법은 상당히 빠르게 진행되며, 흥미롭고 다른 사람의 생각에서 자극을 받을 수 있으며, 짧은 시간에 수백 개의 아이디어를 생성해낼 수도 있을 것이다. 또한 사람들 앞에서 말로 표현하기 어려운 엉뚱하고 어리석을 것 같이 느껴지는 아이디어도 용지에 적을 수 있어서 부담감을 느끼지 않고 쉽고 편안하게 활동에 참여할 수 있는 장점이 있다.

자. PMI 기법

PMI(Plus, Minus, Interesting) 기법이란 De Bono가 제안한 'CoRT 프로그램(인지사고 프로그램)' 속의 사고 기법이다. 어떤 아이디어나 제안을 다룰 때, 열린 마음의 태도로 다루게 하기 위하여 의도적으로 사용하는 방법으로 사건이나 사상을 하나의 측면으로 보지 않고 긍정적 측면(Plus), 부정적 측면(Minus), 흥미로운 측면(Interesting)으로 나누어 생각하면서 대안의 모든 측면들을 고려해본 다음 결정하게 하는 사고활동 기법이다.

이 기법은 어떤 아이디어나 제안을 다룰 때 단순한 감정에 의해 좋아한다거나 그렇지 않다고 단언하는 대신 장점, 단점, 흥미로운 점에 생각을 집중하도록 유도하여 충분히 탐구한 다음 결정을 하게 함으로써 학습자가 어떤 아이디어나 제안에 대해 시야를 넓히도록 하려는 사고활동 기법이다. 이 기법은 여러 요인들이 혼합되어 작용하는 사고상황에서 각각의 단계를 거쳐 보다 더 냉철한 판단 아래 사고를 전개시킬 수 있다는 장점을 가진다.

이 기법을 적용할 때 주의할 점은 사고활동 과정에서 P, M, I를 철저히 분리해야 한다는 것이다. 즉, 긍정적인 측면을 생각할 때는 부정적인 측면과 흥미로운 측면은 생각지 않고 긍정적인 측면에만 집중하도록 해야 한다는 것이다.

10

잠재적 창의력 개발하기

　　창의력은 일반적으로 기발하면서도 적절한 일을 할 수 있는 능력으로 정의된다(Lubert, 1994[60]). 기발하다는 것은 독창적이고 보통 사람들이 생각해내지 못한다는 것을 뜻하며, 적절하다는 것은 독창적인 일의 결과가 개인이나 사회에 유용하며 현실적으로 주어진 상황에 적용될 수 있음을 의미한다.

　　따라서 잠재적 창의력은 자신이 원하는 것을 보통 사람들이 생각해내지 못하는 독창적인 방법으로 현실화시키고, 한 가지 지식을 다양한 형태의 지식이나 사고와 연관시켜 문제해결과정에 적용할 수 있는 잠재적인 능력을 말한다.

가. 잠재적 창의력 계발

　　잠재적 창의력은 어떻게 계발되고 발전시킬 수 있을까? 잠재적 창

---

60) Lubert, T. I(1994), Product-centered self-evaluation variation, International Jurnal of Psychology.

의력은 일부 유전적인 요인의 영향도 크지만, 교육환경이나 후천적인 훈련에 의해 강화될 수 있으며, 창의력을 조장하는 조건 혹은 방해하는 요소들과 깊은 관련을 맺고 있다.

특히 개방형 질문을 해결하기 위해서는 창의적 능력이 토대가 되어야 한다. 개방형 질문이란 가능한 정답이 한 가지 이상인 질문을 말한다. 반사실적 조건문(예: "만약 A라면 무엇이 일어날 것인가?")으로 표현될 수 있는 개방형 질문은 학습자들이 스스로 가설을 설정해 보고 이에 대한 결과를 예견하거나 추론하는 훈련과정을 통하여 잠재적 창의력을 계발시킬 수 있게 한다.

학습자들이 문제와 관련된 요소들을 조직화하게 하며, 고등사고과정에 참여함으로써 보다 높은 사고 수준에 도달할 수 있으며 이때 잠재적 창의력은 계발된다.

나. 잠재적 창의력 계발을 위한 단계적 훈련법

어떤 기술이든 계발되고 완벽하게 습득되기 위해서는 연습과정이 필요하다. 이 원리는 생각하는 기술에도 역시 적용된다. 생각하는 것도 자전거나 차를 운전하는 것, 기타 등 악기를 다루는 것과 마찬가지로 기술이라고 할 수 있다.

따라서 어떤 문제에 관하여 창의적인 해법을 생각해내거나 설계하고자 한다면 창의력을 훈련하는 다음 4가지 단계를 통하여 시도해볼 수 있다.

첫째, 준비기(Preparation)
① 내 질문이 과연 옳은가 하는 물음으로 자신의 질문을 재정립해본다.

② 문제와 어려운 과제를 인식하는 힘을 기른다.

③ 문제를 냉소적인 방법으로 개선하기보다는 도전자 정신을 가지고 주어진 환경의 제한점을 겸허하게 받아들인다.

④ 신중하고 체계적으로 주어진 정보를 고찰한다.

⑤ 정보가 갖고 있는 불완전한 점이 무엇인지 파악하며, 그것을 메울 수 있는 방법에 관하여 구체적으로 질문해본다.

⑥ 정보를 찾아내기 위하여 탐구하고 새로운 기술을 습득하고 확인하는 습관을 갖는다.

둘째, 발생기(Generation)

① 자신의 아이디어가 물 흐르듯 자연스럽게 진행되도록 여러 가지 방법을 활용한다.

② 각 개념과 개념 간의 위계 체계를 그리는 개념지도(concept mapping)를 만들어 본다거나, 여럿이 모여서 어느 한 문제에 대한 아이디어를 자유롭게 내어 놓아 집단사고를 유도하는 브레인스토밍(brainstorming) 방식을 활용한다.

③ 수수께끼 형태의 문제를 탐구하고 실험하면서 답을 구하도록 노력한다.

④ 타인과 개방적인 분위기에서 아이디어를 상호 교환하면서 아이디어 지도(idea map)와 같은 창의적 문제해결전략을 시도해본다.

⑤ 발생단계에서는 '고정관념이나 상식에서 벗어나는 아이디어들을 생각해내기(think outside the box)'를 통하여 자신이 할 수 있는 말도 안 되는 여러 가지 아이디어들을 제안한다.

셋째, 잠복기(Incubation)

① 능동적 사고를 돕기 위하여 산책, 가벼운 운동, 휴식으로 긴장을 푸는 것이 필수적이다.

넷째, 검증기(Verification)

① 한정된 정보나 완벽히 예측하지 못하더라도 가능한 결과를 만들어본다.

② 선택된 기준을 가지고 자신의 아이디어를 평가해본다. 기발함, 실용성, 호소력 등을 검증의 기준으로 삼을 수 있다.

논쟁(Debate)을 통한 내 안의 창의성 신장

11

창의성을 신장하기 위해서는 다양한 방법들이 동원될 수 있다. 기존의 것을 새롭게 사고하는 능력과 남다른 생각과 시각을 가지고 사물을 관찰하여 이를 실제 생활장면에 적용하는 능력 등이 우선으로 꼽을 수 있겠다.

창의성을 기르기 위해 특정한 훈련과 학습을 집중적으로 적용하기보다는 평소 생활장면에서 창의적인 훈련을 습관적으로 수행하는 것이 보다 바람직한 방법으로 권장된다.

최근에는 창의성에 대하여 기존의 서로 다른 이론이나 접근방법들을 통합하여 인지적, 정의적, 동기적, 환경적 요인들이 모아져 발현된다고 하는 다원적이고 통합적인 관점(Confluent Approach)이 설득력을 가진다. 창의성에 대한 다원적 접근에서는 창의성을 단순히 어느 한 요인으로 환원시키지 않고 여러 요인이 상호 관련되어 영향을 주는 통합적 관점으로 보는 데 의견을 같이한다.

즉, 창의성을 개인의 내적인 요인과 외적인 조건을 모두 통합된 형태로서 각 요인들 간의 상호작용을 중시한다. 이는 창의성에 관련된 요인들을 총체적으로 구조화시킴으로써 창의적인 활동 전 과정에 있어서 확산적 사고와 수렴적 사고의 인지적 요인과 내적 동기와 같은 정의적 요인들이 상호 작용한 절차적 구조뿐만 아니라 개인과 환경 간의 상호의존성을 다루고 있다.

창의적 사고능력, 즉 새로운 관점에서 보는 능력, 새로운 문제해결의 길잡이를 찾는 능력이 없으면 창의적인 성취를 할 수 없다. 이러한 능력개발의 일환으로 논쟁(Debate)을 통한 창의성 신장방법을 고려해볼 수 있다.

논쟁(Debate)에 대한 개념은 "주어진 주제에 대해 찬성과 반대로 나뉘어 정해진 토론형식에 따라 서로를 설득하고 반박하는 과정에서 주제에 대한 깊은 인식을 도모함과 아울러 퍼블릭 스피치(public speech), 리스닝(Listening), 팀워크 훈련(Team-work training)을 해나가는 교육 프로그램"이다.

논쟁수업을 본격적으로 연구하기 시작한 것은 1951년 미국의 사회과교육협의회(National Council of Social Studies)가 연찬 대회에서 이 주제를 다루고 나서부터였다. 그 이후 논쟁에 관한 관심이 증대되었고, 특히 하버드대학교의 Oliver와 Shaver(1966)가 5년 동안 사회과에서 논쟁문제를 추출하여 교육과정을 구성하고 실험연구를 하여 발표한 법리 모형은 대표적인 논쟁수업의 모형이 되었다.

그 후에 Newmann과 Oliver(1970)가 이를 발전시켰고, NCSS(미국전국사회과협회)는 1975년에 다시 연차대회에서 논문집『사회과에서의 논쟁문제: 현대적 전망』을 내놓았다.[61]

Oliver & Shaver(1966)[62]의 법리문제 논쟁 모형, Engle & Ochoa(1988)[63]

의 의사결정 모형, Johnson & Johnson(1979) 모형 등은 가장 널리 사용되어온 논쟁학습 모형들이다. Oliver & Shaver(1966) 모형은 현실세계의 쟁점 속에서 갈등하고 있는 일반적인 가치를 발견하는 것을 목적으로 한다. 이는 가장 고전적인 논쟁학습으로 알려져 왔다. 그러나 기성의 일반적 가치들을 전제하고 있고, 현실 사례가 단지 그것을 발견하기 위한 소재에 불과하여 보수적이라는 비판을 받기도 한다.

Engle & Ochoa(1988) 모형은 내용보다는 민주정치에서 발생하는 여러 문제와 논쟁점을 제시하고 논쟁을 통해 합리적인 의사결정을 하는 일련의 과정을 제공하는 것을 목적으로 한다. Johnson & Johnson(1979) 모형 역시 내용보다는 논쟁 자체를 중요시한다. 여기에는 가르치거나 발견해야 하도록 전제된 가치들의 목록은 없고, 상반된 주장이 야기되는 가치가 있다면 무엇이든 소재가 될 수 있다. 여기에서 획득하고자 하는 것은 어떤 특정한 가치가 아니라 가치갈등 논쟁을 통해 추론하고 해결하는 메타-인지적 능력의 함양이다.

이러한 논쟁학습 모형들은 세부적인 입장에서 서로 차이를 보이고 있지만 학생들에게 특정한 가치를 주입식으로 전수하거나 강요하지 않고 구체적인 상황에서 스스로 이를 발견하도록 해야 한다는 점에서 의견이 일치하고 있다. 그리고 더 나아가 장차 성인이 되었을 때 직면하게 될 여러 가치갈등 상황에서 민주시민으로서 이를 합리적으로 해결할 수 있는 의사결정능력을 함양해야 한다는 공통의 목표를 가지고 있다.

---

61) 차경수(1996), 현대의 사회과 교육, 서울: 학문사.

62) Oliver, D. W. & Shaver, J. P.(1966), Teaching Public Issues in High School, Boston: Houghton-Mifflin Co.

63) Engle, S. H. & Ochoa, A. S.(1988), Education for Democratic Citizenship: Decision Making in Social Studies, New York: Teacher's College, Columbia University.

어떠한 사회이든 논쟁과 관련된 문제는 있기 마련인 것이다. 이러한 문제를 회피할 때 시민들은 문제의 해결능력을 갖추지 못하기 때문에 사회는 혼란에 빠지게 될 수도 있다. 민주주의 사회에서는 그 사회가 당면하고 있는 문제를 시민들이 스스로 적극적으로 나서서 해결하려고 해야 하기 때문에 논쟁문제를 학교에서 교수하는 것은 더욱 중요하다.

또 학생들은 논쟁문제의 학습을 통하여 개념형성과 가치판단, 비판적 사고력 등 지적인 능력을 향상시킬 뿐만 아니라 다른 사람과 함께 토론을 하고 협동해가면서 집단적으로 문제를 해결하는 기능을 향상할 수 있을 것이다.

토론(Discussion)이 서로 구별 없이 자연스럽게 토론하는 것이라면 논쟁(Debate)은 찬성 팀과 반대 팀으로 나뉘어 토론한다는 점에서, 또 진행방법에 특별한 형식이 있다는 점에서 구별된다. 하나의 주제가 주어지면 이러한 주제에 대하여 리서치(research)하는 과정에서 자신의 입장을 정리하고, 또 이런 내용을 갖고 실제 논쟁을 해나가는 과정에서 상대방을 설득하고, 상대방의 주장을 반박하는 훈련을 하게 된다. 그리하여 자신의 논리가 가진 허점을 지적받기도 한다.

이러한 논쟁 프로그램을 통하여 학습자는 과제에 대한 집착력, 몰입, 주장에 대한 합리적인 근거제시, 자료의 수집능력, 발표력(응변능력), 팀워크(team-work) 및 공동연구의 중요성, 상대방의 의견과 주장에 대한 적극적인 경청, 리더십(leadership)의 고양, 다양한 어휘의 획득, 비판적인 자기성찰(critical reflexive), 비판적인 글 읽기(critical review) 등을 자연스럽게 경험할 수 있는 장점이 있다.

일반적으로 논쟁으로써 문제가 성립되기 위해선 다음과 같은 요건이 필요하다.

(1) 개인적인 차원을 넘어서서 그 문제가 사회의 다수와 관련이 있어야 하며,

(2) 의견이 찬성과 반대로 나누어져 있으면서,

(3) 그 어느 쪽도 분명한 정답이라고 보기 어려워야 한다. 만약 정답이 분명하게 있다고 하면 논쟁문제로 성립할 수 없다.

(4) 의견이 나누어져 있는 그러한 대안 중에서 어느 하나를 선택해야 하며,

(5) 그러한 선택에 의하여 문제가 보다 더 잘 해결될 수 있다고 가정해야 논쟁문제의 논의가 의미가 있을 것이다.

논쟁수업에서 흔히 활용되는 접근법을 소개하면 다음과 같다.

첫째, 문제해결 접근법(problem solving approach). 정답이 열려 있는 문제에 대해 나름대로 가설을 만들고, 정보를 수집 및 조직하고 결론을 도출해내기 위해 사용된다. 듀이(Dewey)에 의해 소개된 이 방법은 ① 어떤 주제의 논쟁적인 상황을 파악하고, ② 질문의 형태로 문제를 정의하고, ③ 가설을 만들고, ④ 검증하고, ⑤ 결론을 내리게 하는 등의 절차를 거친다.

둘째, 공공문제 접근법(public issues approach). 학생으로 하여금 공공의 문제에 관련된 가치갈등 및 딜레마를 토론하고 분석하게 하는 접근법으로 분석의 틀은 공공정책에 대한 사실적, 도덕적 측면으로 구성된다. 하버드대학의 사회과 프로젝트가 대표적이다.

셋째, 의사결정 접근법(decision making approach). 여러 대안 중 하나를 합리적으로 결정하는 것으로 ① 결정이 필요한 상황과 결정자의

목적을 정의한다. ② 여러 대안을 제시하고 그 결과의 장단점을 기술한다. ③ 대안을 선택하고 그것이 왜 최선인지를 평가한다. 공공문제와 마찬가지로 가치갈등과 판단이 개입되지만 대안에 대한 분석에 강조점을 둔다.

넷째, 도덕적 추론(moral reasoning approach). 도덕적 딜레마에 관한 학생들 추론의 질을 향상시키려는 것으로 학생들의 추론이 보다 덜 자기중심적이고, 덜 체제 순응적이고, 다른 사람의 법적 권리와 사회 복지를 조화시키려는 목적을 가진 모형이다. 이에는 Kohlberg 모형이 대표적이며, 그 절차로는 ① 딜레마를 분명히 하고, ② 아동으로 하여금 잠정적 자기 입장을 선택하게 하고, ③ 그들 입장의 이유를 분명히 하게 하기 위해서 모둠을 나누고, ④ 전체 학급이 자신의 입장을 합리화하는 논쟁을 하게 하고, ⑤ 그 합리화를 딜레마가 제기한 보다 넓은 도덕적 질문으로 확대한다.

다섯째, 협동 학습 접근법(cooperative learning approach). 논쟁수업이 중요한 수업방법 중의 하나로 부각되면서 논쟁수업을 협동학습 구조 속에서 적용하려는 노력이 Johnson과 Johnson(1989, 1994b)에 의해 시도되었다. 논쟁의 과정에서 일어나는 논리적이고 심리적인 과정을 추론하고 이러한 추론에 충실한 이 접근법은 ① 제한된 정보와 경험으로 자신의 논쟁에 대한 가설적 결론을 내린다. ② 자신의 입장을 주장하며 정당화를 시도한다. ③ 반대자의 반박에 직면한다. ④ 개념적 갈등, 불확실성, 불평형성을 경험한다. ⑤ 지적 호기심이 생기며, 정확하고 보다 많은 정보를 찾고 상대방의 입장도 고려한다. ⑥ 재개념화, 상대의 입장에도 서 보고, 탐구한 정보를 재조직하여 논리적 정당화를 강화한다.

논쟁문제에 관한 선정기준은 학자마다 다르지만 대체적으로 논쟁문제를 선정할 때는 다음과 같은 점을 고려해야 한다.

첫째, 논쟁성. 의미 있는 학습으로서의 반성적 탐구가 일어나기 위해서는 수업내용이 불확정이고 열려 있는 상황으로 제시되어야 한다. 선정된 문제에 지식과 가치가 통합적으로 구성될 수 있어야 하고 그 속에서 다양한 시각이 포함될 수 있도록 한다.

둘째, 적절성. 논쟁문제 수업에서 학생들의 흥미와 노력은 문제해결의 학습과정에서 가장 기본적 요소라고 할 수 있다. 따라서 논쟁문제를 선정할 때는 우선적으로 학생들의 흥미나 발달 수준을 고려하여 선정하는 것이 중요하다. 만약 아주 중요한 쟁점들이 학생들의 깊이 있게 탐구하기에는 너무 어려운 것일 때는 교사가 학생들의 흥미를 가질 만한 중요한 쟁점의 부분을 선정하는 것도 하나의 방법이 된다.

셋째, 유용성. 논쟁문제에 있어서 유용성은 수업상황에서 학생들이 효과적으로 탐구할 수 있는가의 문제로 학생들이 수업내용과 관련된 자료를 쉽게 접할 수 있어야 한다는 것을 의미한다. 성공적인 쟁점분석을 위해서는 대립되는 의견들의 기본적인 준거나 관점을 반영하고 있는 자료들이 필수적이다. 이러한 자료들은 학생들의 흥미를 자극할 뿐만 아니라 학생들의 전문적 지식을 진전시킬 수 있다.

넷째, 중요성. 논쟁문제는 개인적으로 의미가 있을 뿐만 아니라, 사회적으로도 공유될 수 있는 중요한 문제여야 한다. 이와 관련하여 Onosko & Sweenson은 중요한 문제인가에 관하여 다음과 같은 점을 권고하고 있다. ① 과거부터 현재까지 논쟁이 지속해서 제기되고 있는 문제인가, ② 시민의 판단이나 의사결정이 필요한 공적인 문제인가, ③ 학자들이 문제의 중요성에 대하여 동의하는가, ④ 문제에 관한 이해가 학생들이 좀 더 성숙하고 사회적 책임감을 가지게 하는 잠재력을 가지고 있는가.

남다른 시각과 비판적인 자기성찰 작업을 통하여 또 다른 내 안의 나 자신을 발견할 수 있는 장점을 지닌 논쟁은 단위 학교의 수업을 통하여 응용할 수도 있고, 팀을 이루어 경쟁할 수도 있다(경시대회). 혼자만의 창의성 개발이 지금까지의 창의성 신장 교육방법이었다면, 이제는 동료집단(peer-group)의 협력작업(co-work)과 집단사고를 통한 창의성 신장교육이 필요하다.

12

초인지 사고의 개발

지식 자원이 중심이 되어 전개되는 현대사회는 기존의 물질적 가치를 대체하는 지식, 정보의 소재를 파악하고 이를 활용하여 급변하는 사회적 상황에 대처하는 지식정보 문명의 가치가 전개되는 사회라 할 수 있다.

단순한 지식이나 정보 그 자체를 넘어 이를 이용한 문제해결력을 강조하는 고급 사고력의 중요성이 대두되기 시작하였다. 이러한 사고의 대두는 1980년대에 접어들면서 우리 사회가 점점 급격하게 변하고 복잡해짐에 따라서 사회변화에 적극적으로 대처하기 위한 학습의 방법 모색에서 중요하게 언급되었다. 이에 따라서 '의사결정능력, 창조적 사고력, 비판적 사고력, 문제해결력, 초인지' 등을 포함하는 고급 사고력 함양이 중요한 목표로 자리 잡게 되었다.

고급사고(High Level Thinking)는 일상적이고 기계적이고 제한된 정신을 주로 사용하는 저급사고와는 달리 도전적이고 확산적인 정신을 사용하며, 이러한 정신의 사용은 과거에 학습한 지식의 일반적, 통상적인 방법으로는 문제가 해결되지 않기 때문에 새롭게 해석, 분석하고 정보를 조정할 때 일어난다고 한다.

고급 사고력은 수동적이고 반응적인 태도와는 달리 질문에 따른 설명, 조직과 해석같이 학습자의 주도적이고 능동적인 참여를 필수로 하며 문제해결, 창조적 사고, 비판적 사고, 의사결정 등을 포함하며 이러한 사고는 새로운 상황에 직면했을 때 단순한 암기나 과거에 자기가 행동한 방법을 넘어서 독창적으로 문제를 해결하려고 하는 정신작용이라고 볼 수 있다.

초인지에 대한 개념은 일반적으로 '인지(Cognition)의 상위에 있는 것'으로 이해되는 초인지는 하나의 뚜렷한 개념 정의가 현재 이루어지지 못한 상태이다. '인지에 대한 인지'로 간단히 정의할 수 있다. 초인지에 대한 논의를 처음으로 이끌어낸 미국 스탠포드대학의 심리학과 교수로 재직 중인 플라벨(Flavell, 1979)은 피아제의 인지이론에 기초하여 초인지를 다음과 같이 설명하고 있다.

"초인지는 기본적으로 개인의 인지과정 결과 또는 이 모든 것들에 대한 지식으로서 정보, 또는 자료를 학습하는 것과 관련된 속성이다. 초인지는 다른 인지들 중에서도 몇몇 구체적인 목적 또는 목표를 수행하기 위해 적극적으로 자신의 인지활동을 감시하고 그에 따른 규제를 통해 인지과정의 조화를 꾀하는 것으로 기억, 이해, 주의집중, 의사소통, 그리고 일반적인 문제해결활동 등의 인지과정에 중요한 기능을 한다"라고 정의하고 있다.

초인지 사고에 대하여 차경수(1996: 201)[64]는 어떤 문제를 해결하

---

64) 차경수(1996), 현대의 사회과 교육, 서울: 학문사.

기 위하여 가설을 세우고, 증거를 수집하여 결론을 내리는 고급한 사고의 과정에서 전체적으로 어떤 오류가 없었는지를 다시 사고하는 것이 바로 초인지라고 말하고 있다. 즉, 고급 사고력의 강조와 더불어 학생 스스로 자신의 인지과정과 그 과정에서 나타난 결과를 총괄적으로 고찰할 수 있는 능력인 초인지는 고급 사고력에서 필수적인 능력으로써 요구된다. 초인지 전략을 활용한 자기 주도적 학습절차는 다음과 같다.

〈표 38〉 초인지 전략을 활용한 자기 주도적 학습절차

학습 과정	주요 학습활동	초인지적 활동
문제 파악	·흥미 및 동기유발 ·문제 상황 인식 ·선행경험 발표 및 유사사례 발표하기 ·학습문제 설정하기 ·학습문제 해결에 필요한 용어 수준의 개념 파악하기	·학습방해 요인의 인식 및 제거 ·학습문제 스스로 찾아내기
학습 활동 설계	·학습의 순서와 방법 모색하기-문헌조사, 자원 인사 초빙, 참여관찰, 현장학습, 인물학습 등 ·관련 정보 및 정보수집 방법 확인하기	·알고자 하는 것, 알고 있는 것, 이용할 것 확인 ·학습집단의 조직 및 학습순서, 학습방법 탐색
탐색 및 문제 해결	·관련 정보의 수집 및 정보의 정확성 확인하기 ·자료의 분류 및 해석, 인과관계 파악하기 ·수집된 정보를 토대로 가장 타당한 방법으로 문제 해결하기	·자료의 비판적 검토 및 창조적 문제해결 ·자신의 사고과정 분석
결과토의 및 적용	·질의, 응답, 상호 토론을 통해 학습결과를 명료하게 분석하기 ·일반화된 개념 또는 원리, 법칙으로 학습내용 정리하기 ·학습결과를 생활에 적용할 수 있는 사례를 찾거나 실제로 적용해보기	·분석 결과의 논리적 오류, 또는 일반화의 오류 검토
학습 활동 평가	·자기 평가, 상호 평가, 교사 평가	·자신의 발표, 보고서에 대한 반성

초인지는 우리의 인지활동(Cognition)에 대한 감각(Meta)으로써 자신이 아는 것과 알지 못하는 것이 무엇인지를 깨닫게 해주어 문제상황에 갇혀 있을 때는 보지 못했던 해결책을 생각할 수 있게 해주는 감각적 사고기능으로도 볼 수 있다. 더불어 뚜렷한 목표를 가지고 움직이는 감각으로도 볼 수 있다. 주어진 상황에서 최선의 목표를 정하고, 목표에 도달하기 위한 여러 전략들을 개발하고, 그것을 학습, 정서, 사회, 인지적 문제상황에 적용하는 데 필요한 감각적 사고라 할 수 있다.

초인지의 구성요소에 대해 Brown은 초인지의 구성요소를 자신의 인지에 관한 지식(knowledge about cognition)인 '초인지적 지식'과 자신의 인지활동에 대한 조정(regulation of cognition)인 '초인지적 자기 조정'으로 분류하고, Flavell은 초인지적 지식(metacognitive knowledge)과 초인지 경험(metacognitive experience)으로 초인지를 나누고 있다.

한편 Brown은 문제해결의 초인지 자기 조정과정의 학습자는 다음과 같은 자기 조정의 점검을 수행한다고 한다. ① 자신의 한계를 예측하여 전략 사용방법에 대하여 깨닫기, ② 해결되어야 할 문제를 확인하기, ③ 적절한 전략들의 계획 세우기, ④ 계획의 효과성을 모니터하기 및 감독하기, ⑤ 문제해결자가 이 문제에 관한 활동을 언제 마쳐야 할지 알도록 앞의 전략들의 효과성 평가하기 등이다.

학습과정에서 학습자의 초인지적 사고활동을 증진시키기 위해 학습 과정상에서 다양한 활동이 도입, 전개되어야 하며 이러한 교수활동은 교사에 의한 주도적인 교수설계로서의 역할보다는 학습자의 학습을 보조하는 활동으로서 의미를 가져야 한다.

13

상황퍼즐을 통한 창의성 신장

어떠한 문제상황을 주고 그 상황에 맞는 이야기를 나름대로 창의적으로 구성해서 결론을 만드는 것이 상황퍼즐이다. 이야기는 상황을 잘 설명해야 하고, 상황에서 제시된 것들과 논리적으로 충돌되면 안 된다. 특별한 정답이 있는 퍼즐이 아니라, 상황을 현실성 있게 잘 설명하면 된다. 다음의 예를 통해 상황퍼즐에 대해 알아보자.

1달러를 빌린 사람

한 은행에 최고급 정장을 하고 명품 시계, 보석 박힌 넥타이핀을 한 남자가 들어왔다. 첫인상부터 엄청난 부자처럼 보이는 사람이었다. 은행원들은 매우 친절하게 그에게 인사했다.

"어서 오십시오. 무엇을 도와 드릴까요?"

"돈을 좀 빌리고 싶습니다."

"얼마나 필요하신가요?"

“1달러요.”

“네?”

“1달러만 빌리고 싶은데 가능하겠습니까?”

“물론 가능합니다. 은행규정에 맞는 담보만 있다면요.”

“이걸 담보로 하지요.”

그 남자는 황금을 꺼냈다. 대략 100만 달러 정도의 값어치가 나가는 황금이었다. 은행직원은 매우 놀랐다. 그를 보며 남자는 말했다.

“이거면 충분합니까?”

“네, 물론입니다. 그런데 죄송합니다만 손님이 대출받고자 하시는 금액이 1달러가 맞습니까?”

“네, 맞습니다.”

“그럼, 여기 서류를 작성해주십시오. 이자는 1년에 6%입니다. 1년이 지난 후에 원금과 이자를 모두 갚으시면 담보를 찾아가실 수 있습니다.”

1달러 대출을 받은 남자는 자리에서 일어났다. 한쪽에서 그를 지켜보던 은행장이 남자에게 다가갔다.

“안녕하십니까? 저는 이 은행의 은행장입니다. 죄송합니다만 한 가지 여쭤봐도 되겠습니까? 선생님께서 담보로 제공하신 황금은 대략 100만 달러의 값어치가 나갑니다. 그런 분께서 왜 1달러를 빌리십니까? 만약 선생님이 80만 달러를 빌린다고 하셨어도 저희는 기꺼이 빌려드릴 수 있습니다.”

이상의 이야기 상황을 제시하고 다음의 질문에 대한 이야기 만들 것을 요구한다. 은행장의 질문에 1달러를 대출받은 남자는 무엇이라고 말했을까? 이 이야기 속에는 어떤 상황이 숨어 있는 걸까?

은행장의 말을 들은 그 남자는 이렇게 말했다.

"사실 저는 외지에서 이곳에 장사를 하러 온 사람입니다. 그런데 제가 갖고 있는 황금이 영 불안하더군요. 그래서 몇몇 은행의 금고에 맡기려고 했는데 보관료가 너무 비쌌습니다. 그런데 알아보니 이 은행이 보안에 가장 안전하다고 하더군요. 그래서 찾아왔습니다."

14

다양하고 광범위한 환경에 노출시켜야 창의적인 생각이 발현한다

창의성을 신장하기 위해서는 인간을 둘러싸고 있는 환경이 중요하게 작용한다. Glaveanu(2010)[65]은 창의성이 학습자 자신은 물론 자신을 둘러싼 공동체, 기존의 산출물, 새로운 산출물의 상호작용을 통해 발현되는 것이라고 하면서, 창의적 인재양성을 위해서는 누구나 창의성을 함양하고 발현시킬 수 있는 사회문화적 환경을 조성하기 위해 적극적 노력을 해야 한다고 한다. 특히 인터넷의 발전으로 집단지성이 강조되는 네트워크 시대에는 소통과 협력이 원활한 사회문화 환경을 조성할 필요가 있다.

'스티브 잡스는 다르게 생각한다.' 최근 『스티브 잡스 혁신의 비밀』(The Innovation Secrets of Steve Jobs)이라는 신간서적을 낸 카민 갤로는 20일 미국 경제전문지 포브스 인터넷 판에 기고한 글에서 애플 전 직

---

65) Glăveanua, V.(2010), Paradigms in the study of creativity: Introducing the perspective of cultural psychology, New Ideas in Psychology, Vol. 28, No. 1. pp.79~93.

원과 전문가 등을 인터뷰한 결과 애플의 최고경영자(CEO) 스티브 잡스는 다른 기업가들과 '생각을 다르게 한다'는 것을 알게 됐다고 말했다.

갤로는 잡스가 성공 가능성을 높이기 위해 노력하는 사람이면 누구나 사용할 수 있는 테크닉을 이용하고 있는 것이라고 지적한 뒤 심리학자들은 그러나 이 테크닉이 새 상품개발 등에 중요한 역할을 한다고 지적했다고 전했다.

기고문에 따르면 스티브 잡스와 그의 오랜 친구인 스티브 워즈니악이 1천 달러로 회사를 설립하면서 컴퓨터는 단순하고 쉬워야 한다는 잡스의 비전이 담긴 '애플'이라는 사명을 갖게 된 일화를 보면 스티브 잡스가 생각하는 방법의 단면을 엿볼 수 있다. 워즈니악은 오리건을 방문한 잡스를 공항에서 태워 자신들이 '애플 과수원'이라고 불렀던 곳으로 돌아오던 고속도로에서 잡스가 사명을 '애플'로 하자고 제안했다고 소개했다. 그때까지 첨단의 느낌이 나는 사명을 찾기 위해 애를 썼지만 결국 애플보다 좋은 사명을 찾지 못했다고 워즈니악은 덧붙였다.

잡스의 흥미진진한 아이디어는 서예공부나 인도 수행자 마을 아슈람 방문, 메이시 백화점의 주방용품 판매코너 등 가장 어울리지 않을 것 같은 장소와 경험에서 나왔다. 잡스는 스스로를 다양한 경험에 노출시켰고, 그런 경험들은 독창적인 아이디어를 가질 수 있게 만든다는 것이다.

하버드대는 6년간 기업임원 3천 명을 대상으로 조사해 혁신자와 비혁신자를 가르는 첫 번째 기술은 전혀 관련이 없는 것처럼 보이는 각각 다른 분야의 문제나 아이디어들을 성공적으로 연결하는 것이라는 사실을 밝혀냈는데, 이는 잡스가 15년 전 기자들에게 말했던 "창조성이란 사물들을 연결하는 것"이라는 명제를 확인해준 것이라고 할 수 있다.

결국 잡스는 다른 지도자들과 같은 사물을 보지만 다르게 인지한다. 다르게 인지하기 위해서는 다양한 생각과 장소, 사람들에게 자신을 노출시켜야 하며, 이 같은 경험은 그렇게 하지 않았을 경우 놓칠 수 있는 것들을 연결해주도록 도와준다. 그는 대학을 중도에서 포기함으로써 서예처럼 정말 흥미를 가지고 있던 수업을 들을 수 있었으며 실제로 서예는 이후 잡스가 아름다운 활자체를 가진 맥 컴퓨터를 디자인할 때 도움을 줬다. 또 애플Ⅱ가 가정에서 사용하는 첫 번째 개인용 컴퓨터가 돼야 한다고 생각하게 된 것도 메이시 백화점 주방용품 코너에서 영감을 얻은 데 따른 것이다.

애플스토어를 처음 시작할 때도 의도적으로 컴퓨터산업 종사자 대신 미국 대형마트 '타깃'의 전 임원 론 존슨을 고용했다. 잡스와 존슨은 최고의 고객서비스를 제공하는 곳으로 결론을 내린 포시즌 호텔을 모방해 애플스토어에 돈을 받는 '현금수납원(cashier)' 대신 '컨시어즈(호텔의 안내인, concierge)'를 설치했다. 갤로는 "스티브 잡스만이 다르게 인지할 수 있는 것은 아니다"라며 "쉽지는 않지만 누구든지 자신을 새로운 경험에 노출시키고 일반적인 문제에 대해 다르게 생각하기 위해 노력하면 불가능한 것도 아니다"라고 강조하기도 하였다.

창의적 학습전략은 학생들이 자신을 둘러싼 학습환경 속에서 스스로 흥미 있는 주제(또는 문제)를 발견하고 그를 해결하기 위해 자료를 수집·조사, 분석·통합하여 새롭고 유용한 결과물을 산출할 수 있도록 하는 것이다. 그리고 창의적 인성 및 인지적 특성을 발전시킬 수 있는 학교 및 주변환경을 조성하는 것이 무엇보다 중요하다.

안우환

대구교육대학교를 졸업하고, 경북대학교 대학원 교육사회학 석사와 교육사회 및 행정박사 학위를 받았다. 경북대학교, 대구교육대학교 등 외래교수를 지냈으며, 현재 특허청 사무관으로 재직 중이다.

오석환

충남대학교 정보통신공학부 대학원을 졸업하였고, 시스코 인터넷 네트워크(CCIE) 및 정보보호(CISSP), 정보통신기술사 자격증을 취득하였다. KT 차세대통신망 연구소 등에서 근무하였고, 현재 특허청 사무관으로 재직 중이다.

초판발행 2012년 11월 2일
초판 3쇄 2019년 1월 11일

지은이 안우환 · 오석환
펴낸이 채종준

펴낸곳 한국학술정보(주)
주소 경기도 파주시 회동길 230 (문발동)
전화 031 908 3181(대표)
팩스 031 908 3189
홈페이지 http://ebook.kstudy.com
E-mail 출판사업부 publish@kstudy.com
등록 제일산-115호(2000. 6. 19)

ISBN 978-89-268-3867-9 13320 (Paper Book)
      978-89-268-3868-6 15320 (e-Book)